ファイナル・クラッシュ

THE FINAL CRASH

世界経済は大破局に向かっている！

◉

石角完爾

朝日新聞出版

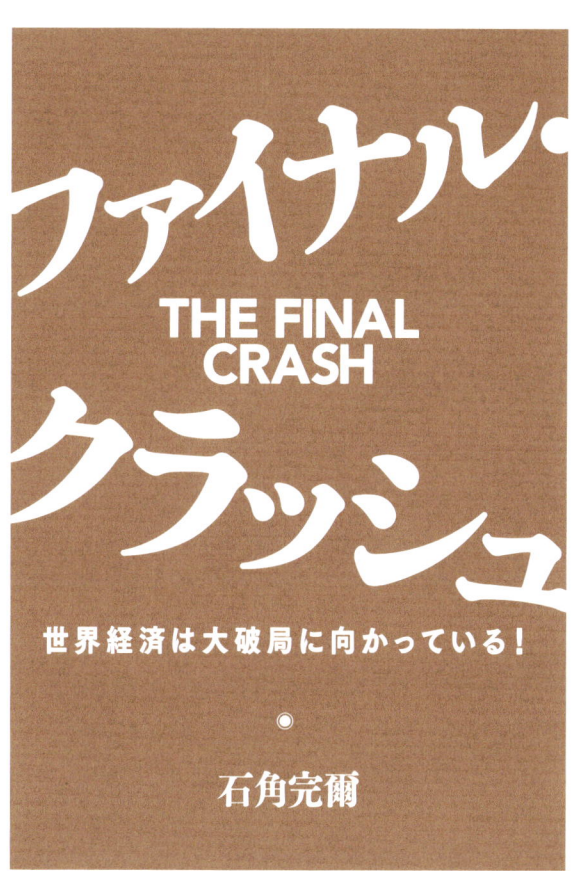

はじめに

リーマン・ショックの勃発以来、世界中のユダヤ人や金融関係者――ただし日本人は除く――の間で、評判を巻き起こした本がある。

本の名は"*THE FINAL CRASH*"。著者は*Hugo Bouleau*というフランス風の名前で、ヒューゴ・ブーローとでも発音するのだろう。ただしこれはペンネームである。本名はトビー・バーチである。ここに本人の許可を得て初めて本名を明らかにするほどの話題の書である。

もともと部数の少ない自費出版で、ごく一部の金融関係者に配られたにすぎない。大評判となった後も増刷はせず、数少ない中古本が高い値段で取引されている。二〇〇七年春に出版されたこの本が、数年後に大反響を呼んだ理由は、それがアメリカにおけるバブル崩壊や、それに伴う商品相場の高騰などを的確に予言していたためだった。

それだけではない。この本はリーマン・ショックも予言していた。そして、驚くべきことに二〇一一年八月に発生したアメリカ国債のデフォルト（債務不履行）危機、ユーロのクライシスも予言していた。ここまでは一〇〇％的中。そして、一九三〇年代の世界大恐慌をはるかにしのぐ、「産業革命以来、人類初めての経験」という経済大破局の到来まで予言しているのだ。これが的中したら大変なことになる。

私がこの本の存在を知ったのは、二〇〇八年のことである。きっかけはある会員制のクラブに入会したことだった。世界の主要な金融関係者に会員を限定し、招待されなければ入会できない、クローズド（非公開）クラブである。このクラブでは地中海に浮かぶ船を貸し切りにして、そこに年に一回、世界のファンドマネジャーや大口出資者たちを集めて情報交換を行っている。参加料は日本円で一人六〇万円ほどかかる。

私はその主催者と知り合って招待され、会員になることを認められたのだ。ロンドン、ニューヨーク、タックスヘイブン（租税回避地）と呼ばれる一部の地域などにそうした場がいくつかあり、その情報交換から締め出されていると、世界のファンドの動きはわからない。

というのも、ファンド取引はオープンではないからだ。東京証券取引所でもニューヨークでも、株式の売買は全てパソコンの画面でチェックできる。しかしファンド、とくにヘッジファンドが行っているデリバティブ（金融派生商品）やCDS（クレジット・デフォルト・スワップ＝信用リスクを移転する取引）の売買といったものは、基本的に相対取引であり、なおかつ口頭か、紙ベースで行われている。コンピューター時代の今も、一般人がアクセスできるパソコンのスクリーンには一切出てこないのだ。誰がどういう動きをしているかは、そういう閉ざされた情報交換の中に入らない限り、わからないしくみになっている。日本の金融関係者でそうした場に参加できる者はほとんどいない。

この秘密の会合の一つを組織しているクラブの本部がロンドンにある。私はその会員となった後、クラブの主催者から「カンジ、これはすごい本だから、ぜひ読んだほうがいい」と勧められ、一冊の本をプレゼントされた。それが〝*THE FINAL CRASH*〟だった。主催者自身、それ一冊しか持っていないという貴重な本だ。彼女が――主催者は女性であった――その本を入手できたのは、著者もまたこのクラブの会員で、自著をクラブ主催者に直接プレゼントしたからだった。私がもらった本の裏には、著者が主催者に献呈した際の、〝best wishes〟というサインが入っていた。

主催者の勧めに従って一読し、私はその内容に驚愕《きょうがく》した。

「これは本物だ。大変なものだ」

そう感じた私は著者に直接話を聞きたくなり、本をくれた主催者に「会わせてもらえないか」と頼んだ。そして彼女は、イギリスとフランスの間にあるタックスヘイブン、ガーンジー島に住み、そこからほとんど出てこないという著者に連絡をとってくれた。

ガーンジー島は、ロンドンから空路で一時間ほどの距離にある。対岸のスウェーデンに住む私とお互いの予定を合わせ、クラブの本部があるロンドンで三人で会うことになった。二〇〇九年のことである。

本で紹介されている簡単な経歴によれば、著者はイギリスの全寮制の名門パブリックスクールの一つ、ラグビー・スクールを出ている。ここは、数学者で『不思議の国のアリス』の著者として知られるルイス・キャロルや、第五九代イギリス首相のネヴィル・チェンバレンなどが輩出した有名校である。卒業後、ロンドン市立大学に進学、金融関係の仕事に就いてチャネル諸島（英仏海峡、イギリス王室属領）やイギリスで働き、出版当時はあるプライベートバンクのファンドマネジャーとなっていた。

　プライベートバンクは、日本の銀行のようないわゆる商業銀行とは業態が異なる。基本的に株式会社ではなく、預かり資産に対して無限責任を負うパートナーによる個人銀行である。王族や貴族を含む世界トップクラスの富裕層を顧客とし、その資産の保全や運用を主な業務としている。ロスチルド（日本では「ロスチャイルド」として知られている）、メロンといった家系に属する、表に出ない富豪たちは、それぞれのプライベートバンクにお抱えのファンドマネジャーを囲っている。

　著者はそうしたファンドマネジャーとして、「この地球上で最も裕福な人たち」の資産運用を担当しているという。資産を運用してもらうには、最低でも一億ドル、日本円で一〇〇億円程度は必要であろうという、世界でも指折りのマネジャーなのである。

　ファンドマネジャーは、だいたいロンドンかニューヨークの近辺に住んでいる。だが、著者がタックスヘイブンであるガーンジー島に住んでいるのは、税金を嫌ってのことだろう。おそらく自らも巨額の報酬を得ているのだと想像する。

　私はこれまでにも、彼のようなファンドマネジャーに何人も会っている。イギリスでは一定以上の資産家には必ずファンドマネジャー、顧問弁護士、顧問会計士、子弟教育コンサルタントがいる。かかりつけの家庭医がいるのと同じようなものだ。そしてイギリスには、ファンドマネジャーを家族で引き継ぐ習慣もある。ちょうど、執事を代々引き継ぐような感覚である。そのあたりの習慣は日本とは全く違う。私はイギリス人の友人から、その人が資産運用を任せているファンドマネジャーを紹介してもらい、それを私の日本人の顧客に紹介するようなこともしていた。

私はクラブ主催者を通じて著者の本名を知ったのだが、本書ではペンネームである「ヒューゴ」で通すこととする。

初めてヒューゴに会ったときの印象は「典型的なファンドマネジャーの一人」というものだった。おそらく四〇歳ぐらいだろう。見た目は小太りの普通のイギリス人である。結婚していて、家族でガーンジーに住んでいるようだ。話しぶりもとくに他の人と変わったところはなかった。

ただ違っていたのは、驚くべき内容の本を書いているということである。

二〇〇七年に出したこの本の中で、ヒューゴは通貨価値の下落が起きることを予測し、対策として資産をゴールドや石油、穀物などの商品に移すことを勧めている。とくに強く勧めていたのがゴールドだった。

本人も自分の勧め通りに資産を運用していたとしたら、出版後の数年だけで巨額の利益を得ていたはずだ。なぜなら、石油と食糧は二〇〇七年から二〇〇八年にかけて歴史的な高価格をつけ、ゴールドも同様に高騰している。ゴールドについてはリーマン・ショックのさなかにも全く下がることなく、二〇一一年に入ってからもアメリカ国債の格下げやユーロ諸国の国債デフォルトの危機からの逃避資金が流入し、史上最高値を更新し続けているのだ。ヒューゴに資産運用を任せていた富豪は誰であれ、リーマン・ショックでも全く傷ついていないどころか、飛躍的に資産を増やしたことは間違いない。

やはり特別な才能のある人なのだろう。

ただし、二〇〇七年からの歴史的な商品価格の高騰について言うなら、ヒューゴの予想が当たったというより、彼の著書を手にしたり、その内容を知った世界の主要なファンドマネジャーたちがこぞって商品相場に参入し買いに走った結果、あのような高騰が起きた可能性もある。ヒューゴの住むガーンジー島には、世界の主要なファンドのほとんどがオフィスを構えていて、少なくともその島では全員が彼の本を読んでいるはずだ。そして上記の商品相場のいずれも、"*THE FINAL CRASH*"出版以降に突然、高騰を始めているのだ。単なる偶然では片付けられない。

なお、ガーンジー島には日本の銀行や証券会社のオフィスはないし、日本人ファンドマネジャーもいない。世界の金融界の内部情報から完全に締め出されているにもかかわらず、そのことに何の危機感も持っていないことが、日本の金融機関のレベルを示していると言えるだろう。

ヒューゴに運用を任せている資産家が誰なのか。プライベートバンカーとしての秘匿義務があるため、自分が扱っている、あるいは扱っていた資金の出資者については、今後も本人の口からは出てこないだろう。ただ会話の中で、その系列銀行の拠点がやはりガーンジー島にあるユダヤ系の大財閥、ロスチルドとの関係を匂わせていた。

私が関心を持っていたのは、彼が著書の中で予言していたファイナル・クラッシュが、二〇〇八年秋に勃発し、会った時点でまさに世界を騒がせていたリーマン・ショックのことなのか、ということだった。リーマン・ショックによって世界に流通していたデリバティブ、すなわち金融工学によって合成された証券化商品が暴落し、流通性を失ってしまった。これは著書で予言されていたことの一つである。しかしデリバティブの暴落は、本に描かれたファイナル・クラッシュの一部だ。果たして、「リーマン・ショックは前ぶれにすぎない」というのが彼の答えだった。

本当の破局、それはヒューゴによれば、負債とそれにより促進させられる消費を根本に置いた、現代の経済構造そのもののクラッシュだ。その本番がやってくるのは、まだこれからだと言うのである。

最初に話した後、ヒューゴは自分のファンドを創設して独立した。独立するきっかけとなったのはサブプライムローン問題である。彼が著書で予言していた内容が正しかったことが証明され、彼に資産の運用を一任しようという資産家が現れたようだ。ただし、ヒューゴが自らのファンドマネジング・カンパニーで運用している資産の預け主が誰かということは、やはり厳重な秘密であって教えてはもらえない。ここまで予言が当たっている以上、ロスチルドから資金の運用を受託しているのではないかという気もするし、「イスラム金融には大きな投資チャンスがある」というのが最初に会った頃から彼の持論だったから、中東のオイルマネーの運用を行っている可能性もある。

初めて会って以来、私とヒューゴはときどき会って話す間柄になった。会うときはいつも私がスウェーデンから海を渡り、彼もガーンジー島から海を渡り、ロンドンで落ち合う。彼はほとんどガーンジー島から出てくることはないのだが、二〜三カ月前に連絡しておけば、だいたいロンドンに出てきてくれる。会合を何度か重ね、ある程度の信頼を得たところで、私は「日本であなたの本を紹介したい」とヒューゴに持ちかけた。金融関係者を含め、日本人でこの本の存在とその内容を知る者はほとんどいない。世界の金融情報から遮断され、自国の立場を何も知らないでいる日本人にも、このような予言が存在することを伝えねばならない。それも急いで伝えたい。ヒューゴは快く了解してくれた。

ヒューゴが〝THE FINAL CRASH〟を出版した目的は、「できるだけ早くこの問題を世に問うて、本格的なメルトダウン（溶融）が始まるまでにこの本の読者が十分な準備期間を持てるようにすることにある」と書かれている。中国におけるインフレ（物価上昇）、ヨーロッパの国債危機、そして日本とアメリカの財政悪化の進行が急を告げ、世界の株式市場のボラティリティー（変動性）が高まっている今、準備期間はほとんど残っていない。彼の予測によれば乱高下を始めれば底が抜ける時代が近い兆候だという。

一方でヒューゴは、出版した二〇〇七年の時点で「本の内容が実現すると受け取る人は少数だろう」とも言っている。バブルに酔う人々がその崩壊を考えもしなかったように、現代の借金経済、過剰消費の経済の真っただ中に生きている人々にとって、その経済モデルの終焉《しゅうえん》は考えにくい。破局が訪れるという予想に対しては、反対意見が圧倒的だろうと言うのだ。

その事情は日本でも変わらないだろう。現にGDP（国内総生産）比で二〇〇％に近い額にまで膨れ上がり、いずれ暴落することが確実と見られる日本国債に対しても、日本の金融機関は十年一日《いちじつ》のごとく買い入れを続けている。現実を直視することが怖くて、思考停止しているとしか思えない。

〝THE FINAL CRASH〟は、怪しげな占い書の類いではない。現役トップクラスの欧州のファンドマネジャーが、当初は立場上差し障りがあるのでペンネームで出版したもので、冷静な現状分析に基づいて世界経済の行き着く先を示したものだ。ここではその本名を明らかにした上で、主な内容を日本人にわかりやすく噛《か》み砕きながら筆者の考えも加えて紹介するとともに、文中ではあまり触れられていない日本経済の立場についても考察を加え、読者の一助としたい。

たくさんあるものは値を下げる。たくさんありすぎるものは暴落する。

大破局の到来を信じるも信じないも、読者の自由である。

二〇一一年八月

石角完爾《いしずみかんじ》

ファイナル・クラッシュ——目次

第1章 ✣ 借金が市場を炎上させる

第4章 ✣ 日本経済の行方

第5章 ✣ 自分の資産をどう守るのか

第6章 ✣ クラッシュ後の世界

ブックデザイン　デザインワークショップジン
編集協力　久保田正志

ファイナル・クラッシュ

――世界経済は大破局に向かっている！

◉プロローグ

驚愕の予言書

本書では、第1章から第3章に原著〝*THE FINAL CRASH*〟の言わんとしているところを掲載し、三つのパートごとにその解説を行う。第4章以降では、主に日本の読者を念頭に、日本政府の財政赤字とファイナル・クラッシュの関係や、実際にファイナル・クラッシュが起きた場合、いかに対処すべきかを論ずる。

以下で紹介するのは原著〝*THE FINAL CRASH*〟の序文である。ここには著者の現代経済に対する危機意識がよく表れている。紹介文中「私」とある場合、とくに断りのない限り〝*THE FINAL CRASH*〟の著者、ヒューゴ・ブーローを指している。

「たくさんあるものは値を下げる。たくさんありすぎるものはクラッシュする」――これが原著のテーマである。

私がこの本を書いたのは、第一に私自身がかつては称賛していた経済体制で、何かがひどく間違っているという疑念が膨れ上がってきたためである。現代の消費文化は、人々がより大きな借金と投機の重荷を負うことを、絶え間なく強く奨励している。近年、ますますその傾向にある。

本来であればそのような危険を冒す余裕がないはずの人々、消費文化に毒されて自分を見失っている人々のために、私は本書を書いたのだ。

現代では銀行やカード会社、ローン会社が利益を上げる一方で、一般大衆は賃金の奴隷のようにトレッドミル（ルームランナー）の上で走り続け、貧しいライフスタイルを強いられている。ここで私が「貧しい」というのは、人々を苦しめ、長くなる一方の労働時間と通勤時間、社会的な連帯の欠如に関してである。すぐに買い替える最新機器をどれだけ持っていようと、それは豊かさの指標とはならない。

個人的な話をさせてもらえば、私はもうチープな輸入品を買うのにうんざりしている。コストの安い新興国で製造されたそれらの製品は、見た目こそきれいに見えるけれども、かつてヨーロッパで作られていた同種の製品に比べて、極端に寿命が短い。表面に施されたクロムメッキの輝かしさと、内部に組み込まれた腐敗と退廃は、かつてローマ帝国で鋳造された硬貨を想起させる。

ローマ帝国がその絶頂期にあった頃、皇帝の姿を描いた硬貨は本物の貴金属を型に入れて鋳造されていた。本当の価値を持つそうした貨幣は人々の信頼を得て、広大な帝国のはるか遠くにまで運ばれ、広く用いられた。

だが帝国が弱体化したとき、それは貨幣にも反映された。コインを造っていた金銀が安い卑金属で代用されるようになったのである。新しいコインも、表に皇帝の似姿が刻印されていて、見かけは同じだった。そのデザインは人々がよく知る偉大な過去の象徴であり、デザインの相似《そうじ》はその継続をほのめかしていた。けれどもそれは、単なるイミテーションだった。

やがて私は疑い始めた。

かつてのローマ帝国で行われたのと同じ詐術、真の価値を持っていたはずの貨幣の希釈が、じつは今日も進行しているのではないかと。本物からチープな代用品に取って代わった家庭用品だけでなく、現代の通貨についても同じことが起きているのではないかと。

私が本書を書いた第二の理由は、書くというプロセスを通じて、自分を悩ましてきた三つの根深いフラストレーションを鎮めたかったからである。

第一のフラストレーションは、オフショア（租税回避地）のプライベートバンクで投資マネジャーとして働く私の職業にかかわるものである。

私はマーケットという迷宮の中にあって、この地球という惑星で最も裕福な何人かの人々を案内する仕事に就いている。そして、彼らをそれまで以上に豊かにしている。だが、それはごくごく一部の選ばれた人たちの特権である。

庶民の大部分は、中小企業や個人向け取引を業務の中心とするリテールバンクと、そこで働く自称「アドバイザー」から、それとは全く違う扱いを受けている。彼らが勧められるのは不動産抵当融資（住宅ローン）であり、クレジットカードローンであり、各種のローンの統合である。自分の持ち家を抵当にして多くの融資を受け、その資金を新たな不動産購入に投資してはどうかという提案を受けるのだ。

うまい話のように聞こえるが、それは羊の皮をかぶったオオカミそのものである。

不動産抵当融資は、負債の中でも最も長期間の束縛を伴う、非常に厳しい借金である。投資に成功するためには、一〇年以上にわたって建物の状態を維持し続けなければならない。不動産投機を勧めるテレビ番組はたくさんあるが、そのリスクに気づいている人はわずかしかいない。

また、不動産投機ブームによる不動産価格のインフレ（物価上昇）は、次の世代に大きな負担を強いる。これから家を購入する若い人たちは、ただ寝起きする場所を得るためだけに、一生涯にわたる負債を背負わされることになるのだ。しかし、そのことには誰も関心を持っていない。自分の子供たちを犠牲にして今日の浪費を楽しむ以外にも、別の生き方があってよさそうなものである。

今日のインターネット世代は、最初の象形文字が粘土に刻まれて以来、最も多くの知識と情報を持つ世代に見えるかもしれない。しかし、彼らはまた消費を誘う市場からのメッセージによって、最もひどく砲撃されている世代でもある。このメッセージは、目に見えるものもあれば、意識下に作用するものもある。私のインターネット上の個人の資産運用コラムを見る人は、その下にある住宅価格、ローン、およびクレジットカードに関する見出しも目にすることになる。それは「負債を作るなど普通のことであり、人生のごく一部の問題である」と感じさせる洗脳作業の一例である。

しかし世界には、負債が当たり前ではない国や文化がたくさんある。

将来、私の個人の資産運用コラムでは、借金を増やすことではなく減らすこと、貯金すること、ためたお金を投資することがテーマになるだろう。それこそ我々が本当に優先すべきことだからである。

イギリスとアメリカは、もともと勤労と貯蓄の文化の上に築かれた国だった。しかしそうした文化は、今やどちらの国でもほとんど見られなくなった。

大画面テレビという名の祭壇の前にひれ伏してみれば、我々の貯蓄欠乏症のひどさがよくわかる。テレビ番組で骨董《こっとう》品が競り落とされたとき、賞金付きのクイズ番組で優勝者が出たとき、決まって聞かれる質問がこれだ。

「あなたはそのお金で何をしますか?」

この定番の質問に対する圧倒的多数の人の返答は「休暇をとって遊びに行く」か「何か買う」のどちらかである。私は、そのお金を「まさかのときのために備えて貯金します」と誰かが言うのを聞いたことがない。何百年も家に伝わってきた手作りの品が、わずか数週間の旅行の費用や、五年ももたないモダン家具を買うために売りに出されてしまうという実例を、私たちはテレビで日々、目にしているのだ。

こうした人々の消費優先の姿が、私の違和感のきっかけとなった。かつて勤労と貯蓄を尊んでいたイギリスとアメリカの文化は今や、簡単にできる借金ですぐ手に入る喜びを買うという行為に代表される、インスタント文化に変質してしまったのである。

我々の先祖は「たまるまで待つ」という蓄財の原則を、我々よりもずっと賢く理解していた。しかし彼らの賢明な方法は、ベトナム戦争に伴うインフレの大波に裏切られた。インフレが起きれば、苦労してためた貯金は目減りして価値を失ってしまう。反対にお金を借りた人は借金が目減りして得をする。戦争は貯蓄する人ではなく、借りる人を利したのである。

私の第二のフラストレーションは、ビジネスと政治の世界における、指導者たちの暗黙の申し合わせについてのものだ。

人々に負債を抱えることの危険性を軽視させようとするのは、危険に気づかれたら困る銀行だけではない。多くの浅はかなサービス産業もまた、好景気のどんちゃん騒ぎに乗じて消費者から財産をかすめとろうとしている。住宅建設ブームはその最たるものである。不動産の転売は一見、尽きることのない宝の山のように見えるかもしれないが、単なる蜃気楼《しんきろう》にすぎない。

政府も同罪である。民間企業と同様に、政府も負債による消費の増加と経済の成長、好景気を通じて予期しなかった税収増加を得たのである。だが、増えた政府の収入は即座に浪費されてしまった。

私は、今日の経済における負債の水準は、ローマ帝国の時代からさかのぼる過去のいずれの時代よりもはるかに大きな脅威であると考えている。

なぜそう言えるか。単に国家の財政赤字という意味では、過去何世紀もの間には、今日のアメリカやイギリスよりはるかに大きな政府の累積赤字が存在した時代があった。たとえばナポレオン戦争当時の西欧諸国がそうである。

当時と今の違いは、西洋では経済のあらゆる局面において、負債が完全な風土病となっているという点にある。政府だけではなく、企業も個人も金融市場も、全て同じ病気に冒されているのである。金融システムにおける投機的資金と金融派生商品の莫大《ばくだい》な量は、ローマ帝国末期やナポレオン戦争当時に見たあらゆるものを小さく見せてしまう。一九九〇年にはGDP（国内総生産）のほぼ三分の一にとどまっていたそれらは、今や全世界のGDPの八〇〇％に近づこうとしている。銀行ローンと借り入れが人々のライフスタイル、文化、および仕事の多くの局面で支配的となり、我々はそこに完全に依存していて、借金なしでは生きることすらできないと感じるほどである。

負債は、単に成長のための燃料であるだけでなく、最終生産物にもなっている。高い利子を通じて負債は増殖する。自分たち自身を複製しているのだ。借金が返せなくなったときに通常行われる療法とは、「さらにお金を借りて元の借金を払う」というものだ（筆者注　今のユーロ諸国、ギリシャ、ポルトガルそしてイタリア、スペインまでもがECB〈欧州中央銀行〉から借り入れをして国債の償還に充てているのは、このやり方だ）。やがて破局がやってくるときも、この逆効果でしかない療法が繰り返されることになるだろう。

主要国の政府で負債が拡大するのは、国債を発行して財政支出を拡大し、景気後退を防ごうという政策による。先進国では国内経済が後退の危機に直面している場合、為政者が傍観して何もしないことは許されない。その背景には「経済とはそもそも人工的なシステムであり、人工的な解決策によって対処できるはずである」という思い込みがある。

しかし、やがて我々は、中世の治療法にあった瀉血《しゃけつ》療法が今日無意味になったように、経済を活性化させるために負債を増やすというやり方が無意味であることを理解するだろう。中世と同じく、我々はもっとましな療法を知らないので、それを使っているだけなのである。

私の第三のフラストレーションは、本書が想定する読者にかかわっている。

エコノミストの多くは、自分が専門とする学問を立派に見せるために、できるだけ多くの数学と専門用語を使わなければならないと感じているようだ。

経済学者はほとんど誰も理解できないような数式と用語を並べ立て、何かよくわからない複雑な領域における問題を検証しようとする。おそらく彼らは自分たちを、本来そうあるべき芸術家や哲学者としてより、科学者であるとみなしているに違いない。

私のように実務を行っている人間が、彼らに自分の声を届けるのは難しい。私が発した警告は、ごく少数の人しか聞かないだろう。もし私が破局の始まる時を、正確に日にちまで言い当てたとしても、あまりにも多くの懐疑論と不確実性から、ほとんどの人がそれを信じないだろう。たとえ人々がそれを信じたとしても、それを止める方法は誰にもわからないだろうが。

破局が避けられないという分析結果について、私は現在のシステムから利益を得ている多くのエコノミストや市場関係者から非難を浴びるだろう。また経済学者からはアカデミズムの欠如を責められるだろう。後者については私も非を認めざるを得ない。というのも、私は難解な専門用語や数式を操る経済学者やエコノミストを評価していないからだ。

私は本書で難解な理論の代わりに実際的な応用事例を用い、複雑な現象をわかりやすい言葉で説明するよう配慮した。

ジャーナリストのジャン＝ポール・カウフマンは「天気予報に実際の天気が従わないのと同じぐらい、経済はエコノミストの予想に従わない」と述べたが、気象予報士とエコノミストのもう一つの相似は、どちらも「海を研究しながら決して航海に出ない専門家」だということだ。

経済の世界では、自らの資金あるいは顧客の資金をマーケットに投じ、その結果について責任を持つときのみ、それを航海と呼ぶ。この航海に乗り出した者は、マーケットという究極の審判によってその意見の正誤をテストされることになる。エコノミストであれば、人々が彼らの発言を覚えていると仮定してさえ、さしたる責任もなく理論を提案したり予測したりできる。しかしお金を管理する私のようなファンドマネジャーの場合、予測を外したら、復活はほとんど不可能である。

世界で最も要求の過酷なクライアントのお金を管理する者は、そのポートフォリオ（資産構成）という形で複数年にわたる運用成績を明確に評価されている。私が今もなおファンドマネジャーであり続けているという事実は、私の理論、その応用およびタイミングが、外れた場合よりも当たった場合がずっと多かったことを意味している。そうでなければ、今私が扱っている資産は、とっくの昔にどこか別のファンドに移されていただろう。

本書の狙いの一つは、大人たちの利己主義にまだ冒されていない、若い世代の思想家たちの間に一石を投じることにある。若者たちは、現代の経済システムの被害者である。負債経済の究極の形態においては、彼らはまだ社会に出る以前から親の借金の肩代わりとか学費ローンとかの負債を背負わされてしまう。それは、彼らを大人たちと同じように邪悪なシステムに取り込むための罠《わな》なのだ。

現代の経済学とは、人を社会的に大切な道徳や地球環境とはかかわりなく、利己的行動によってのみ動かされる機械に見立てている。しかし、まだ精神を損なわれてはいない若者たちには、負債、投機、消費を美徳とする現代の非人間的な経済学から心を解放するチャンスがある。

"*THE FINAL CRASH*"の内容は、過去の分析とこの先に何が起こるかという予測に分けられる。

本書ではまず、不動産ブームと株式市場、そして金融の相互関係を明らかにする。次いでドル、エネルギー価格、および環境の相互関係について解説する。続いて、その分析に基づく未来予測を行う。

負債をベースとする現代の経済システムは、まもなく究極的に破壊され、我々全員の頭上に落下してくることになるだろう。

第一部「パーティー・タイム」は、見かけ上、景気が急上昇していた時代について、その原因を検証する。これは我々が経験してきたばかりの、「決して終わらないすばらしい時間」と感じていた時代についての、短く楽しいパートである。

第二部「ハングオーバー」は、我々がついに引き当ててしまった債務危機の避けがたい衝撃についてのパートである。債務危機は将来において、我々の国や我々のライフスタイルをはるかに超える影響力を持つことになるだろう。第二部の後半では、破局が個人、金融市場、国際関係に与える結果を検証している。それは読者に対し、未来に向けてどのような投資を行うべきかについて、ビジネス上、および個人的な指針を与えるだろう。

第三部は「解毒《げどく》とリハビリ」と称するパートである。我々の快楽の結果、つまり生涯にわたり財政的に傷つけられることになった多くの人々に関するパートである。そのときになってさえ、オデッセウスを誘惑したセイレーンの官能的な声のように、人々をさらなる負債に誘い込む口舌滑らかなセールスマンがいることだろう。本書は、そんな催眠術的で致命的な歌から人の耳を守り、進むべき本当のコースを示すものである（筆者注　ユダヤ人はヘブライ聖書によりコースから外れないように指導されている。本書は、ほんのその一部の肩代わりである）。

経済システムのメルトダウン（溶融）の可能性は、絶えず増加し続ける負債に対する無頓着のレベルに比例して上がっている。負債こそ、ますます金遣いの荒くなる現代のライフスタイルに資金を供給する存在である。現代の人々の負債への依存は、薬物中毒患者による薬物への依存に著しく類似している。資本主義システムが表面的にはバラ色に頬を染めるように見えている間、生命の維持に不可欠な器官は負債という麻薬によって内部から汚染されているのだ。そして依存症が長ければ長いほど、そこから離れる際の禁断症状はひどくなる。

私の考えでは、二〇〇六年に始まったと見られている今回の下降局面は、実際には株式市場がピークに達した新世紀の訪れとともに始まっている。

アメリカの株式市場は二〇〇一年の九・一一テロ事件のちょうど一年後、連邦準備制度理事会（FRB）による緩和的な金利操作によって持ち直したが、それは投機によって破壊されてしまったシステムの古典的な二次的兆候である。

世界はそれから後、およそ七年を経過して分解の段階に入った。投資銀行やヘッジファンドによるデリバティブ（金融派生商品）や空売り、LBO（レバレッジド・バイアウト）などによる強引な企業買収などは、金融的自由落下の直前に起きる現象であり、最後はどれも悲惨な結果に終わるだろう。

私は、二〇〇八年が終わる前に、市場の亀裂を見ることになると予想している。

二〇一〇年から始まる新たな一〇年間では、花盛りの後の憂鬱《ゆううつ》が訪れるだろう。

そして本当に苦痛な離散の期間は、その後にやってくる。

これまでの西洋における景気下降局面は、いずれも経済循環のサイクルの中で立ち直ってきた。しかし来るべき波乱に満ちたサイクルにおいてはこれまでとは異なり、経済は自律的に回復軌道に乗ることができないだろう。

世界経済を人工的に刺激しようとする不完全な介入の結果、経済はオーバードライブ（過熱状態）の上に放置されることになった。高い温度にさらされた酵素やたんぱく分子が変質してしまうように、傷つけられた金融システムは、もはや本来の機能的な姿を取り戻すことはない。一〇年にわたる古典的な不況が続いても、人々の大部分は希望を抱き、「古き良き時代の再来はもう間近である」と信じ込み、ＱＥ２（量的緩和第二弾）や超低金利などの政策的な介入が成功をもたらすと予想するかもしれない。

だが金融市場においては、多くの誤った「夜明け」の予想と、その当てが外れた後、最も強くそれを唱えていた者がついに信頼を失い、それと同時に市場のあまり愛されていない領域が盛り上がることになるだろう。「売り」である。

政府の負債の容赦のない上昇について関心を高めた人たちも、同じ行動に到達する。市場を破壊する果てしない売りを非難する最後の一人が口を閉ざしたとき、最終的な破局が始まる。

ただし「資本主義は天井にぶつかり、もうこれ以上は手の打ちようがない」と思われたとき、市場は重力に逆らって、もう一度だけ反転するだろう。致命傷を負った獣が最後の瞬間にハンターに激しく襲いかかるように、市場経済の年老いた支持者たちが、怒り狂った最後の戦いもせずにギブアップするとは思えないからだ。

しかしこの最後の戦いも、ついには敗北に終わる。

本書が最終的に示す未来像は、とりわけ大西洋の両岸の西洋の人々（イギリス人、ヨーロッパ人とアメリカ人）にとっては暗澹《あんたん》たる世界と思われるかもしれない。その一方で、本書のメッセージはそこに希望を与えるものとなっている。

世界の富の偏在はひっくり返され、西の岸から遠い東の岸に移動していくだろう。西洋では人々の生活水準は二度と元には戻らないだろう。そして「財政的な繁栄こそ自分たちの存在の究極の目的である」と信じていた多くの人々は「生活の質と持続性こそが、はるかに満足できる目標である」という考え方を再発見するだろう。

長期的に復活してくるものと私が予想するのは、人々の共同的なライフスタイル、インフレとの決別、自然に対する新たな敬意の広がりなどである。別にユートピアの夢想を語っているのではない。悲しいことだが、人々に一丸になって働くことを強いるような大不況が起きるだろうと予想しているのだ。それによって戦時に起きるのと同様に、人々が団結する姿が見られるだろう。

今回の破局はまた、地質学的な制限要因と極端な人口増加が結びつき、エネルギー不足と資源価格の高騰という形で、人類の顔面に跳ね返ろうとしている。我々の先祖は自然界を恐れ、尊重することができるくらい謙虚だったが、我々は自分たち人間こそが自然界の主人であると思い上がるほど傲慢《ごうまん》である。しかし我々は、実際には地球という環境の中で、人類のちっぽけな手には負えないほどの力学を扱っているのである。

消費に立脚する経済成長が、エネルギーの危機を引き起こす。その危機の後では、人類は化石燃料への依存をやめざるを得ないだろう。いい面を見るなら、それによって人類はこれ以上の環境破壊を避けられるかもしれない。

お断りしておくと、この本はエコノミストがよく使う両てんびん的な手法、すなわちさまざまな確率を用意して未来予測について重みづけを行い、いくつもの可能性を示すというスタイルは踏襲していない。本書に示したのは最悪の事態のシナリオのみである。仮にこの本の前提が間違っていた場合も、起こるであろう最悪の事態は、読者が金儲《もう》けの機会をいくつか逃すだけだ。本書の読者は、自分たちの負債を慌てて縮小しようとして、資産を早く売却しすぎ、その過程で現金の山を築いてしまうかもしれない。ただしそれは暴落で資産を失うことに比べれば、ほとんど苦痛のない結果と言える。

どんなプロジェクトでも、事前の準備は計画の実行と同じくらい重要である。景気が実際に下降し、否定的な心理が広範囲に広がる前、今日の一見穏やかな環境のもとで下落に備えた準備作業を済ませておくことが大切だ。

だが多くの人にとって、(本書が書かれた二〇〇六、二〇〇七年では)準備を始めるにはもう遅すぎるかもしれない。私にできるのは本書の出版が、すでに破局を防ぐには遠くまで来すぎてしまった人々に、身を守るための何かしらの行動をとる時間を確保できるよう、願うことだけである。

著者ヒューゴは序文において、原著を書こうと思った理由を、「手作りのしっかりした製品がいつの間にかチープな大量生産品に取って代わられたように、現代の貨幣もまた、いつの間にか見かけは同じでも無価値なまがいものに変わってしまったと感じた」ことをあげている。こうした現象は今に始まったことではなく、古代ローマ帝国でも通貨の金銀の含有量をどんどんと減らしていったという。その結果、暴君として悪名高いネロ皇帝の頃になると、見かけ上は金貨なのだが、中身はほとんど銅となってしまった。

著者は、そのローマ帝国と同じことが、今の財政危機のヨーロッパ、とくに大西洋の反対側のアメリカで起きていると見ている。同じような通貨の「希釈」が現代西洋社会でも起こっており、それにより通貨の価値がどんどんなくなっているのだ、と。現代の希釈の原因は国家の負債である。すなわち国債の発行額の増加が、実質的な通貨価値を減少させている。

通貨と国債は一見すると違うもののようだが、じつはどちらも「国家がその信用を背景に発行している証券」であることに変わりはない。日本でも明治初期までは政府が自ら紙幣を刷っていた。そして西南戦争などの戦費を賄うため刷りすぎて、大変なインフレを招いてしまった。

それ以後、ヨーロッパをまねて政府とは別に中央銀行を作り、そこに紙幣を発行させ、「政府は通貨とは関係ないよ。財政が悪化したからといって、たくさんお札を刷るようなことはしないよ」というポーズをとるようになった。無理をしてでもそのポーズを貫いていれば通貨価値の希釈も起きないのだが、自制心がない国の政府はそれができずに、通貨とは別に国債という名の借金証文を発行してしまう。

これは、通貨と同様に市場を流通し、実質的にお札を増刷するのと同じことになっている。とりわけ「国債の日銀引き受け」などをやると、政府が自分で輪転機を回してお札を刷っていた時代と変わらなくなってしまう。「大震災の復興資金は、国債の日銀引き受けで賄え」などと議論されている今の日本は、明治時代に戻る手前というところだ。

政府が借金を抱えることは、通貨の増刷と同じことなのである。従って、ある国の政府のデフォルト（債務不履行）の危機が迫って借金証文である国債の価値が暴落する場合、例外なく為替市場におけるその国の通貨の価値も暴落する。

そして身の丈に比べて借金の多いことでは、日本政府も、著者が問題視しているアメリカ政府と全く同じなのだ。というより、日本政府のほうがはるかにひどい。

現在は、どの国の通貨も金本位制ではないから、通貨の信用を担保するためにゴールドを積み立てて準備するということはやっていない。では、その代わりはというと、政府の資産になる。日本で言えば、発行された一万円札一枚につき、日本政府は実際、どれほどの資産を持っているのか、ということが通貨の信用度になってくる。

アメリカ政府の累積赤字はＧＤＰの九四％程度だが、日本政府にはＧＤＰの二〇〇％近い借金があり、それを差し引くと何の資産も残らない。それどころかマイナス、債務過剰なのである。つまり日本政府の発行している紙幣は、じつは何の資金の裏打ちもない、無価値な紙切れなのだ。

こんなことを続けていると、最後にどうなってしまうのか。

それこそが本書でこれから論じようとしているテーマである。著者は「アメリカもイギリスも、もともとは倹約という思想の上に成り立った国家であった」と指摘する。確かにそうなのだ。両国ともプロテスタント系のキリスト教社会であるから、過剰な消費は忌み嫌われていた。修道院の生活でわかるように、質素な食べ物、簡素な衣服で、祈りと労働中心の生活を送っていた。同じキリスト教世界でも、保守本流の人たちは華美を求めるようになってきた。それに対してカルヴァンが異議を唱えたのだ。

それがなぜ、今のような消費をあおる経済モデルになってしまったのか。

著者は「アングロ・アメリカン・モデル」と呼んでいるが、現代の先進国経済は住宅ローン＋クレジットカード社会で、消費のためにお金を借りることがきわめてイージーなしくみになっている。それは負債によって消費を拡大し、経済を成長させるためだ。

著者はしかし、負債による成長とは偽りのものであり、それによってアメリカ建国当初の人々の、本来のあるべき賢い行動が完全に消えてしまったと嘆いている。その結果、起きてくるものこそがファイナル・クラッシュ、最終的な破局なのである。二〇一一年八月のアメリカ国債の格下げは、その破局の第一楽章のタクトが振られたことを意味する。さあ、いよいよ、オペラ「ファイナル・クラッシュ」（作曲・アメリカ合衆国、作詞・ユーロゾーン、歌手・連合王国、その他登場人物・日本国）の幕が上がる。

Fountains of Debt

第1章

借金が市場を炎上させる

“THE FINAL CRASH”第1部　パーティー・タイム――負債の泉

「もしアメリカの人々が銀行に通貨の発行量の調節を許すなら、第一にインフレにより、次にはデフレにより、銀行と企業は成長し、そこら中にはびこって人々の財産を奪うだろう。そして子供たちは、彼らの父親が征服した大陸で自分たちがホームレスになっていることに気づくことになるだろう」

――トマス・ジェファーソン（第三代アメリカ合衆国大統領）

アメリカの住宅バブル

アメリカ人の多くは、ジュニア・ブッシュが大統領であった時代、ただで酒をふるまわれて酔いしれていた。酒の正体は、低金利でいくらでも使えるクレジットである。二〇〇一年の九・一一による消費の減退を避けるため、緩和的な金融政策と減税が実施され、それによって金利が下がり、借金をして消費することが容易になったのだ。金利が下がったことでローンを組んで不動産を購入する人が増え、その結果、住宅価格は急上昇した。

それ以前からアメリカにおける住宅価格は二五年にわたり上昇していたのだが、二〇〇〇年以降、ほんの数年で価格が二倍にもなった地域もある。二〇〇四年から二〇〇五年にかけ、アメリカの平均的な住宅価格は一三%も上昇している。しかしこの時期、この程度の上昇はスペインやポルトガルでも珍しくなかった。つまり不動産価格の上昇は世界の多くの地域で同時に起きた現象だったのである。

これは、アメリカの金融緩和が生み出したものだった。アメリカが世界の他の国に比べて重要なのは、アメリカが世界最大の消費国家であり、過剰生産される品々を全て引き受けているからである。アメリカ人は自分たち自身のお金だけでなく、とくに中国、日本そして途上国がためているお金まで自分のもののように使っているのだ。そのためにアメリカの金融緩和は世界の景気を上向かせ、資産価格を上昇させてしまう。この金融緩和はしかし、無理のある政策だった。

バイキングの王カヌートが波に向かって命令しようとした話は有名だが、それは尊大さからきた行動ではなかった。自然の波にいくら命令しようとしても無駄であること、すなわち自分がただの王であって神などではないことを、彼が支配する国々に示すための行いだったのだ。

ところが現代の銀行家と実業家たちは、経済の上げ潮と引き潮という自然なサイクルに我慢できず、なんとかしてそれを変えようとする。アメリカのこの金融緩和は、経済が自然な下降局面に向かうことを人為的な方法で止めようとする、危険なギャンブルだった。それによってアメリカの住宅市場は、やがて資産デフレ(物価下落)を招くことになるバブルに入ってしまったのだ。

バブルとは何だろうか?

正確な定義はないが、典型的なバブルとは、ものの価格が本来の価値とかけ離れて高くなってしまう現象を指す。一七世紀のオランダのチューリップ・バブルがその代表とされている。一九八〇年代の日本でも不動産バブルが発生し、結果的に日本の金融システムを崩壊させてしまった。バブルの最中はよかったが、いざそれが反転を始めると、銀行はリスクを嫌って貸し出しを停止し、それにより経済活動も停止状態となった。住宅ローンという借金で活況を呈している経済では、成長を維持するためには、さらなる借金を必要とする。それが止まれば経済が回らなくなってしまう。これこそが負債によって動かされる経済の弱点である。

おかげで現在の日本では、親の世代の罪が子供たちの世代に降りかかっている。過去の負債が、将来の経済に必要な資金の供給を断ち切ってしまったのだ（筆者注　その証拠に東日本大震災のようなことが起こると復興資金も蓄えがないため捻出できず、またまた借金に頼る羽目になってしまっている）。これこそが一九九〇年以降、日本が経済の停滞に悩まされている理由である。

だが日本にとっては幸運なことに、傷ついた負傷者を運ぼうとするかのように、二つの面から支えるものがあった。西洋における消費ブームと、日本以外のアジア諸国における工業化の進展である。しかし今後、そのような資産バブルを経験する国はどこであれ、そのような幸運なサポートは期待できない。

日本の窮状は、アメリカの中央銀行であるＦＲＢ（連邦準備制度理事会）にも観察されていた。それは西側世界がやがて迎えるであろう、バブル崩壊の痛々しい実例であった。

九・一一事件以降、愛国主義がアメリカを支配し、景気の引き締め、景気の過熱防止、成長のスローダウンというものは、選択肢から消え去った。徹底した低金利政策と景気刺激策がとられ、アメリカは過剰流動性の世界に突き進んでいった。アメリカにおける不動産価格の上昇は、九・一一事件の負の影響とも言える。

もともとアメリカは国民生活の消費がGDP（国内総生産）の七六％を占めるという消費主体経済の国である。アメリカ政府としてはアメリカの経済成長を維持するために、アメリカ国民を消費へと駆り立てる必要があった。アメリカ国民の消費の中心は住宅投資である。そして住宅投資の動向を左右するのは金利水準だ。そこで徹底して金利が引き下げられたのである。

かくしてアメリカでは九・一一後、家計の負債が急増した。政策だけでなく、「人生は一度きり」という九・一一後の人々の思いもあって、今の快楽のために将来に返さねばならない借金をすることの危険性は、アメリカ人の頭から追い払われてしまった。

アメリカの一般家庭の住宅ローンの返済額は今や、収入の二三％までに達している。銀行貸し出しにおける住宅ローン関連の割合は、過去二〇年でおよそ二倍に増えている。一九八七年には全体の三分の一程度だったが、二〇〇〇年には半分を占め、二〇〇五年には六〇％を超えてしまったのだ。またアメリカの住宅ローンの総額は二〇〇六年において、一・五兆ドルに達しているにもかかわらず、その抵当となっている住宅の実質価値は〇・五兆ドルにすぎない。

このような住宅ローンの広がりの背景には、ARMと呼ばれる短期の変動型融資の出現もある。この型の融資では最初の一〜三年は低金利に固定されているが、その後急速に金利が上昇し、月々の返済額も急増するしくみになっている。この新型の融資で、返済のめどの立たない低所得者層（サブプライム・カスタマー）にまで住宅取得資金が貸し出され、不動産バブルに拍車をかけた。

この状況は世界に広がり、イギリスではさらにひどいことになっていた。二〇〇六年の八月には、いわゆる「デスベッド（死の床）」抵当融資が導入された。この融資では元本が返済されることは決してなく、その融資によって購入した家を買い主が完全に所有することもない。負債はなんと子供たちに引き継がれるのである。これは次世代に対して恥ずべきやり方としか言いようがない。

二〇〇四年にアメリカのFRB議長であったアラン・グリーンスパンは、中央銀行の人間として当然ながら、「住宅のバイヤーはARMをやめ、より伝統的な固定金利による長期融資に切り替えるべきだ」と指摘している。しかし、その指摘自体に反する傾向を推し進めたのは、ほかならぬグリーンスパン自身の低金利政策であった。不動産市場が、政府と通貨当局によって経済を人為的に膨らませるツールとして使われたのである。

カリフォルニアでは二〇〇四年の全ての住宅ローンの半分は、金利が二％しかなかった。これでは家の値段が上がるのは当然だろう。この安い融資を背景に、カリフォルニアの住宅価格は二〇〇三年には一七％、二〇〇四年には二一％上昇している。二〇〇五年には、資産価格の上昇率は賃金上昇率の六倍にも達した。

このような異常な好調は、何かが間違っているという明確なサインである。グリーンスパンの一八年にも及ぶ異常な低金利政策が、史上まれに見る負債まみれのアメリカ経済を作り出したのだった。

「銀行家というのは、晴れているときに傘を貸し、雨が降るとそれを取り返そうとする連中だ」

――マーク・トウェイン（アメリカの作家）

イギリスに波及したバブル

資産バブルはアメリカだけの現象ではなかった。よく似た現象は世界中の英語圏で起きていた。資産価値が高まるほど、「住宅ローンを返済する代わりに、もっとたくさん借りて投資をしたい」という誘惑は強まる。融資の額はイギリスでは、二〇〇三年の終わりには家計の税引き後収入全体の八・四％に達していた。オーストラリアでも似たような水準だった。典型的なＤＩＮＫＳ、つまり夫婦共稼ぎで子供がいない家庭であれば、二人合わせての年収の五倍も借りることができたのだ。家さえ持っていれば銀行はどんどん金を貸してくれたので、家はさながらＡＴＭ（現金自動出入機）のようになり、不動産市場は二〇〇五年、さらにギアを上げた。二〇〇六年五月には住宅ローンの総額は一〇兆ポンドを超えていた。

とはいえ、当時の住宅の価値は総額で三二兆ポンドもあったから、理論的には一〇兆ポンドの融資額も問題ないはずであった。しかしバブルが崩壊すれば、この比較は意味をなさない。イギリスの不動産購入を検討している人は、この国では前代未聞の出来事が四つも同時に起きて、そのようなことは近い将来、二度と起きないだろうという事実を認識しておく必要がある。

①巨額の財政支出
②尋常ではない消費者の支出
③無節操な銀行の貸し出し方針
④一世代に一度しかないであろう超低金利

政府の支出が経済に占めている割合に疑問を持つ人は、イギリスの雇用のうち六〇〇万人が政府職員であることを思い出すといい。「イギリス人の雇用の五人に一人は政府によって作り出されている」ということである（筆者注　この点は日本も似たりよったりである）。

消費者について言えば、イギリスでは六六〇〇万枚ものクレジットカードが発行されている。このクレジットカードは全てリボルビング（定額返済）付きである。結果、イギリスでは収入が一〇〇とすると一二〇％もの消費を行って、個人および家庭の負債は一・三兆ポンドにも達している。これは二〇〇五年のイギリスのＧＤＰを上回る、恐ろしい数字である。

負債の激増の影響で、イギリスでは個人破産が急増している。二〇〇六年では前年比六六％の増加を見ており、二万六〇〇〇件の個人破産が裁判所に登録され、統計をとり始めた一九六〇年以降、最も高い数値となっている。

「もし米ドルが価値を有するとすれば、それはゴールドと同じようにその供給が限定されなくてはならない。しかしアメリカ政府はあるテクノロジーを持っている。それは輪転機と呼ばれるものだ。今日は電子化されているので、実質的に必要なだけの米ドルをノーコストで生産できる」

――ベン・バーナンキ（第一四代〈現〉FRB議長）

過剰なアメリカ国債発行

我々は、アメリカの貸出金利が、なぜこんなにも非常に低い水準に据え置かれていたのかということを検証しなければならない。その過程で、アメリカ国債の機能も検証すべきだ。

アメリカで低金利が定着したのは、通貨を発行しすぎたためである。アメリカが一九七一年に金本位制から離脱するまでの三五年間を見ると、その間に発行された通貨の量は二倍になった。だが、その後のアラン・グリーンスパンがFRB議長であった一八年を含む三五年間では、なんと一三倍になっている。

どうしてそうなったのか？

それはローマ帝国時代の「パンとサーカス」の愚民政策とよく似ている。今のアメリカにおいてはパンとサーカスの代わりが、減税と安易なクレジット。すなわち、銀行からの大量の貸し出し供給が行われているのである。

大量の米ドルが世界中にばらまかれ続けているが、その最大の原因を作ったのはアメリカ国債である。ここでアメリカ国債の果たした役割を分析してみる必要がある。

国債は、税収よりも歳出が上回る場合に、その穴埋めをするために発行される。二〇〇五年のアメリカ政府は二兆一五〇〇億ドルの歳入しかないのに、歳出は二兆四七〇〇億ドルだった。したがって一年間で三二〇〇億ドルの穴埋めをしなくてはならない。二〇〇〇年から二〇〇五年にかけてアメリカの政府の歳入はどんどん落ちているが、逆に歳出は四〇%も増えている。結果として、アメリカ政府が五ドルの支出をすると、そのうち一ドルは借り入れという状況に至っている。

アメリカ国債の価格は、三つの要素で決まってくる。インフレ（物価上昇）、金利、そして今までの国債発行総量である。

まず、インフレについて見てみよう。国債の償還金額は固定され、利付き国債の利率も固定されているため、インフレが起きたり金利が上がったりした場合には、国債は全く魅力のない投資対象となる。国債も金利を上げないと、見向きもされない。もちろん、あまりにも大量に国債が出回っていると、返済に不安が生じるので誰にも買われない。買われないとは、つまり価格が下がるということであり、発行金利が上がるということである。

アメリカ国債のイールド、すなわちアメリカ国債を買った場合に買い手が受け取る利益率は、アメリカの民間人が銀行から借りるローンの金利に連動している。一般にアメリカ国債の長期金利という場合、三〇年もののアメリカ国債のイールドが指標になる。アメリカ政府は、国民にもっとお金を使わせるためにローンの金利を下げる必要があり、そのためには国債のイールドを下げなければならなかった。

もし逆のことが起こったらどうなるだろう。国債のイールドが上がると、ローンの金利も上がるので住宅ローンの金利も上がる。アメリカの消費者はローンを組みにくくなる。その結果、以前より消費にお金を使わなくなり、世界中が景気後退に突入することになる。

グリーンスパンのFRB議長在任期間中に、アメリカは世界最大の債権国から世界最大の債務国へと転落した。その最大の原因は、アメリカ国債の大量の発行である。一九六六年、グリーンスパンはいみじくも次のように述べている。

「赤字国債を発行するということは、国家が国民からその富を収奪するのと同じである」

国家が過大な負債を背負うとどうなるかは、第一次世界大戦後のドイツ・ワイマール共和国が示している。ハイパーインフレ（物価暴騰）がワイマール共和国民を苦しめ、紙幣で燃料を買うより、紙幣を燃料に使ったほうが安いという状態が生まれた。

一九八〇年のラテン・アメリカのインフレも、ラテン・アメリカ諸国の政府が抱えた負債から起きたものである。一刻でも早く給料を食料に代えなければ、一時間後には食料品の値段が上がっているというほど、ひどいインフレが襲った。同じことが二〇〇六年のアフリカのジンバブエでも起こっている。

過剰な国債発行による経済の破綻《はたん》の際には、つながり合う特徴がある。政府の過剰な負債、通貨価値の下落、物価の上昇、金利の上昇である。その最終的な結末は、貧困である。一九八〇年代のラテン・アメリカで起きたことであり、今日ではアフリカにおいて、政府の負債が人々を犠牲にしている。こうした国々は高い利子の支払いのために干上がってしまった。

アメリカ政府について言うなら、すでに莫大《ばくだい》な金額のアメリカ国債が発行されており、税収不足とアメリカ国民の貯蓄率のマイナス化から考えても、財政はもはや手の付けられないところに来ている。政府の財政構造を見ると、失業保険、生活保護、年金などの社会保障費や医療費の支出が歳出の重要な部分を占めている（筆者注　そして二〇一一年夏現在、米ドルは下落を続けている）。

ここで問題は、二〇〇八年以降、ベビーブーマー世代がリタイアを始めるという事実だ。アメリカでは今後三〇年間で六五歳以上の人口が倍になり、六五歳以下の人間は一五％しか増えないという人口動態変化を迎える。年金の掛け金を支払う人が減り、給付を受ける人が増えるのである。となると、アメリカ政府は以前にもまして国債を発行しなければならない（筆者注　だからアメリカ議会は二〇一一年八月になり、すったもんだの揚げ句、国債発行のシーリング〈上限〉を引き上げざるを得なかった）。その年の歳入不足を補う分に加えて、すでに発行した国債の償還の費用も必要となる。借金を返すために借金をするという最悪の事態だ。これを金融の世界では、「金融的自殺」と呼んでいる（筆者注　日本は、とっくの昔にこの状態に陥っている）。

ベビーブーマー世代が全て引退する頃には、累積の歳入不足は六六兆ドルに達すると言われている。これはアメリカのGDPの五倍にもなる。このギャップを埋めるには二つに一つの道しかない。税率を二倍にするか、あるいは今アメリカ国民が享受している社会保障費、医療費を三分の一にカットするかである。

ところが、この二つのオプションはいずれも実現可能性がない。FRBの一員であるローレンス・コトリコフ教授（ボストン大学）は次のように言う。

「こうしたことを計算に入れると、二〇〇六年時点ですでにアメリカ政府は破産状態にある。アメリカはハイパーインフレに突入する以外の道はない」

ジョージ・W・ブッシュは、ジョージ・ワシントン初代大統領から数えて全ての大統領の時代に生まれた負債よりも大きな負債をたった一人で発生させた。アメリカ政府は大量の国債を発行する必要に迫られ、銀行に適用されるルールを改正した。銀行は貸し出しの焦げ付きに備えて一定の現金を積み立てておくことを要求されているが、現金の代わりにアメリカ国債を積み立ててもいいとしたのだ。これによって銀行という銀行は、大量のアメリカ国債を買いに走った。

アメリカの国債が今まで暴落しなかったのは、中国や日本のような国々がアメリカ国債を止めどなく購入し、ドルの大量出血を補ってきたからである。最近までこの関係は象徴的なものであったが、今やこの相互のサポートは、脳死患者のアメリカにとっての生命維持装置となっている。

文化大革命以前の中国政府が発行した中国政府国債は、今や紙くず同然となっており、記念品としてロンドンで展示されている。これと同じことがやがてアメリカ国債についても起こるだろう（筆者注　そして現実に二〇一一年八月にアメリカ国債は格下げされ世界中の株式市場に混乱を引き起こしている）。アメリカが今、貿易赤字の支払いに使っているアメリカ国債は、いずれ単なる紙切れとなる。上海や北京のディーリングルームでは、デフォルト（債務不履行）に陥って無価値となった過去の超大国の記念品として額縁に入れられることになるだろう。

借金を増やしたのはアメリカ政府ばかりではない。アメリカ企業の経営者たちがいかにして負債を増やしたかを見てみよう。

アメリカ企業は四半期ごとにその成果を発表する。そしてアメリカ企業の重役たち、取締役やＣＥＯ（最高経営責任者）たちはその成果、税引き前利益に応じて報酬を受け取る。彼らは各種の会計テクニックを駆使して、とにかく税引き前利益が大きくなるようにするのだ。

また、アメリカ企業の重役たちに適用されるストック・オプション（自社株購入権）の制度は、株価が高くなるほど彼らが利益を得るというものである。そこで株価上昇のためにも、見せかけでもいいから利益を極大化する方策がとられた。

利益を上げるために第一に考えられた手法は、人件費の抑制だ。あらゆる企業にとり、最大の経費は人件費だからである。そこでとられた方策が、アウトソーシング(外部委託)だった。できるだけ社内に人材を抱えないで外部に、それもコストの安い国に外注する。重役たちにとっては、アウトソーシングによって国内の雇用機会が失われることなど問題ではなかった。とにかく人件費を抑制し、四半期ごとの利益を最大にすることが重要だった。

こうしてアメリカの産業は作業を次々と海外にアウトソーシングするようになり、結果としてアメリカのGDPに占める企業投資の割合はわずか一〇%にまで低下した。そして成長企業には労働者がほとんどおらず、低成長の企業に大量の労働者が残るという皮肉な事態が起きた。コストや賃金が安いという理由だけで選択されたアウトソーシング先で生産された製品は、「安いけれども質は悪い」。しかしアメリカの消費者は「すぐ壊れるけれども安い」商品に慣らされていった。

次に企業の重役たちがしたことは、銀行借り入れによって四半期ごとの決算利益を極大化するというやり方である。とにかく株価を引き上げておかなければ、アメリカの株主たちは満足しない。そればかりでなく、株価を上げておかないとプライベート・エクイティ・ファンド(訳注M&A〈合併・買収〉などを仕掛けて金儲《もう》けをするためのファンド)が攻撃してくる恐れもある。そこで株価引き上げのために、資金を銀行から借り入れて、それで自社株をせっせと買ったのである。市場に流通する自社株の数が減れば減るほど株価が高くなるのは、株式市場の経済原則である。それにより一株当たりの利益も上がる。

二〇〇六年の社債発行を見てもそのことは明らかである。このときアメリカの多くの会社が社債を発行、つまり借金をし、その金で自社株を買い戻した。一株当たりの収益を見かけ上よくするためである。多くの会社がそうした方法をとり、借金漬けに陥っていったのである。銀行がアメリカの貪欲な経営者のために貸し付けた資金の原資も、元をたどればアメリカ国債によって世界中から集められたものなのである。

一九九六年、グリーンスパンは株式取引規則を緩和し、頭金となる五〇の証拠金で一〇〇の株が買えるようにした。グリーンスパンは借金によって株式市場を活性化させようとしたわけだ。だが、そうすると残りの五〇については、購入した株式を抵当として銀行から借り入れすることになる。こうして株式市場も借金漬けになっていった。

グリーンスパンの時代、アメリカ国民の抵当付き負債(住宅ローン)は四倍に膨らんでいる。一・八兆ドルから八・二兆ドルへである。これはほとんどアメリカ国家の負債に等しい金額である。


「人生では投機を張ってはいけないというときが二つある。一つはその資金がないとき、もう一つは資金があるときだ」

——マーク・トウェイン

レバレッジとヘッジファンド

経営者をはじめ、アメリカ人が好んで使う言葉に「レバレッジ（てこの原理）」がある。このレバレッジもまた、アメリカの負債を増やすことになった大きな要因である。そこでまずレバレッジという言葉を説明しよう。

ここに一つのプロジェクトがあるとする。それに投資すれば年間一五％のリターンがある。つまり一〇〇万ドル投資した人には一五万ドルのリターンがあることになる。

ここでレバレッジをかけるとどうなるか。

一〇〇万ドルを持っている人がさらに五〇〇万ドルを借り入れして、一五〇〇万ドルを投資したとする。この場合、五〇〇万ドルの借入金利が七％、リターンが一五％とすると、借入金利を差し引いても一九万ドルのリターンがある計算になる。借り入れをしなければ一五万ドルのリターンにしかならないところ、借り入れによってリターンが四万ドル増えるわけだ。

これはレバレッジを非常に単純化したモデルだが、こうしたレバレッジの手法はアメリカ企業やアメリカ経済では広く利用されている。レバレッジだらけなのである。株主や投資家から見れば、自分たちが投資している企業やプロジェクトが自己資金に頼って一五万ドルしか稼がないより、レバレッジをかけて一九万ドルを稼いでくれたほうがうれしいのは当然である。

金持ちだけから資金を集めて投資運用するヘッジファンドは、アメリカを中心として世界中に何万もあると言っていいが、彼らのとっている手法もレバレッジである。ヘッジファンドがレバレッジをかけることで、魔術のようにして投資資金を集めていく過程を見てみよう。

ここに一〇〇〇万ドルの資金を持つ投資ファンドがあるとする。その投資ファンドが銀行から二〇〇〇万ドルを借りる。そうすると投資ファンドの資金は一挙に三〇〇〇万ドルに拡大する。

投資ファンドによる投資のリターンが七％とすると、三〇〇〇万ドル×七％の二一〇万ドルがリターンとなる。銀行から二〇〇〇万ドルを借り入れた際の金利が四％とすると、八〇万ドルの金利を銀行に返せばいい。計算すると、このヘッジファンドの儲けは正味一三〇万ドルになる。投資家たちはこの一三〇万ドルに注目するのである。つまり「資産一〇〇〇万ドルに対して一三〇万ドル儲かるヘッジファンドだ」と見る。その投資ファンドが二〇〇〇万ドル借り入れているということは、不思議なことに全く無視される。

投資ファンドのマネジャーたちは、運用手数料として利益の三％を受け取ることになっている。そこでヘッジファンドのマネジャーたちも、そして投資ファンドに投資する投資家たちも、銀行借り入れして利益を増やすことで大いに儲かるという話になる。これがレバレッジの魔法である。

もうお気づきのことと思うが、彼らが「もっと借り入れを増やせばもっと儲かるはずだ」という考えになるのは当然のことである。一〇〇〇万ドルの投資ファンドが借入金一億ドルを得れば、投資ファンドのマネジャーたちの収入はさらに増え、投資ファンドに投資する人たちの利益も上がってくる。従って、レバレッジこそ最大の投資ファンドの経営手法となり、レバレッジをかけない投資ファンドはないという状況になってしまう。

レバレッジを利用した投機の問題点を明らかにしたのが、一九九八年に起きたヘッジファンド、ＬＴＣＭ（ロングターム・キャピタル・マネジメント）の破綻である。ＬＴＣＭのレバレッジを仕掛けたのは、ＬＴＣＭの経営に参加した二人のノーベル賞経済学者だった。

ＬＴＣＭはレバレッジを最大限に活用したファンドで、七五もの金融機関から資金を借りていた。資金を出したのは、アメリカの、あるいは世界の金融機関のトップ七五社と言ってもいい。借りた金額のレバレッジ倍率は五〇倍にも達した。ノーベル賞経済学者たちの名声を餌に、手持ち資金の五〇倍もの金を借りまくったのである。

ＬＴＣＭの計算では、低い金利で資金を大量に借りてレバレッジを活用して利益を上げれば、参加者全員がハッピーになるはずであった。ところが投資対象であったロシア債に問題が起こった。四〇〇億ドルものロシア債が、突然デフォルトとなったのである。

これが市場にパニックを引き起こした。それまで、投資家たちはハイリスクだが利回りの高い投資対象に資産を振り向けていたが、一挙に流れが変わった。全員が一斉により安全な資産へと資金を移そうとした。ハイリスクな資産は全て投げ売りされ、利回りは悪いが安全な資産にシフトしたのだ。安全資産とはアメリカ国債である。こうして市場のマネーが全てアメリカ国債に集まった。

こうなると借り入れに借り入れを重ね、利回りのいいハイリスクな投資対象に金をつぎ込んでいたLTCMはひとたまりもなかった。彼らはパニックの際には普段とは全く異なる経済法則、すなわち「流動性停止による不均衡」が働くということを知りながら、それをあえて無視していた。

流動性停止とはこういうことだ。パニック時には少しでもリスクのある資産は全員が売り、買おうとする者がいなくなる。結果、誰も売ることができなくなる。LTCMが投資していた、すぐに売れて現金化できると思われていた投資対象も売れなくなり、現金化できない不良資産と化してしまうのである（筆者注　全員が壺《つぼ》の中に手を入れて金貨をしっかり握り、つかんでいると思っていたその手が壺から出せなくなった途端に、つかんでいたはずの金貨はレバレッジの逆魔法のために単なる石ころになったのだ。これもレバレッジの魔法である）。

かくしてLTCMは莫大な損失を計上し、倒産した。ヘッジファンドはそれまで、マーケットが上昇するときでも下降するときでもヘッジをかけてあるからヘッジファンドなのだと思われていた。ところが、そうではなかったのである。通常、ヘッジファンドは現物が値下がりしそうなとき、先物の売りをかけて逆に利益を確保するという手法をとる。これを「ショートをかける（空売り）」といい、値下がりしても損を受けないやり方だということで、ヘッジという。だが本当のパニックが起こったときには、そうした一般的なリスクヘッジはもろくも崩れ去るということが明らかになった。それが「流動性停止」なのだ。

株式を買って値上がりを待つならば、少なくとも株式は手元にある。ところが空売りでは失敗したら負債だけが残る。その代わりわずかな手持ち資金だけで、成功すれば莫大な利益を手にできる。しかし、こういったヘッジファンドの技術に長《た》けている人はジョージ・ソロス、ジム・ロジャース、ブルース・コブナーなどごく限られた投資家だけであり、一般の人はとてもまねできるものではないのだ。

一般の投資家が参加できるファンドは、証券取引法によって規制されたミューチュアル・ファンド（投資信託）というものである。一般の人でも参加できるミューチュアル・ファンドにも二〇〇四年に七兆ドルが集まっている。これに対してヘッジファンドは熟練の投資家たちだけが参加できるファンドである。一般的には一〇〇名以内、しかも紹介のみで集められる（筆者注　筆者は、そういう人たちのみが招かれる地中海に浮かぶクルーザーでのパーティーに招かれたのだ）。

ヘッジファンドの破綻はこれまでもたびたび起こっており、二〇〇六年のアマランスというヘッジファンドの破綻では何十億ドルもの負債が発生した。二〇〇四年にはヘッジファンドのうち一〇〇〇ものファンドが経営破綻している。にもかかわらず、二〇〇六年には八八〇〇ものヘッジファンドが存在している。それらが二〇〇四年段階で一兆ドルも資金を集めて運用しているのである。二〇〇五年にはヘッジファンドに集まった資金はさらに増加し、一・四兆ドルになっている。参加する投資家が限られていることを考えれば、じつに大きな金額である。おかげでヘッジファンドのマネジャーたちは、一六〇億ドルものマネジメント・フィーを手中に収めているのである。

ヘッジファンドと並び称される怪物がもう一つ存在する。それがプライベート・エクイティ・ファンドである。いわゆるM&Aファンドで、無能な経営者のせいで株価が低迷している会社にM&Aを仕掛けることを専門とする。プライベート・エクイティ・ファンドもそのM&A資金を借り入れに頼っており、統計によれば二〇〇五年には二六〇〇億ドルを集めたと考えられている。

ヘッジファンドやミューチュアル・ファンド、年金ファンドや投資ファンド等々、世界のファンド全体を合わせると、三〇兆ドルもの資金が運用されているのである。

しかしよく考えてみてほしい。世界で何万というファンドが巨額の金を集めて投資対象を探している。その一方で投資マーケットは限定されている。そこに大量の投資家が群がっているというのは、経済学的に見ればきわめて不自然で危険な状況だ。そして、これらのファンドは全て資産にレバレッジをかけている。したがって、一社が失敗すると、ときにはLTCMの例のように、世界中のヘッジファンドに影響が広がるのである（筆者注　北極海に浮かぶ小さな氷山の上に無数のペンギンが乗っている状況に等しい。一匹が足を滑らせると全員がバランスを崩して海中に没する）。

こうして世界が混乱するケースとして想定される一つのシナリオは、アメリカ国債の発行金利が何らかの理由で跳ね上がった場合である（筆者注　二〇一一年夏のアメリカ国債の格下げがその一つの始まりと言える）。するとLTCM危機と同じ現象が起きてくる。アメリカ国債の金利上昇は、アメリカの金利の上昇を意味する。ヘッジファンドは全て高率のレバレッジをかけているから（つまり借金漬け）、金利が上がると致命的なことになる。レバレッジをかけるための借入金の金利が跳ね上がるからである。

またアメリカの金利が上がるということは、為替市場において米ドルが上がるということでもある。ヘッジファンドは通常はドルで資金を集め、それを海外のよりリターンのいい通貨に投資しているので、米ドルが上がるということは、ヘッジファンドにとって為替ロスが発生することを意味する。

そこで、アメリカの金利の上昇が見込まれると、全てのファンドが投資対象を売り払って現金を確保しようとする。またはより安全な資産、つまりアメリカ国債へと資金を振り向ける。多くのファンドが一斉に投資資金の回収に走るから、値下がりが値下がりを呼び、損失が拡大する。

二〇〇六年のヨーロッパでは、そうした現象が実際に起きた。アイスランド危機である。このときはアイスランド政府が発行した国債が、アイスランドの通貨クローナの暴落によってドルベースで大きく減価し、ドル換算での投資金額の約二五％が失われてしまった。これがヘッジファンドの実態である。

今の世界の問題は「多すぎるファンドに少なすぎる投資機会」ということにある。氷山自体が危なくなってくると、小さな氷山の上に乗ったペンギンが全員、大騒ぎを始め、いよいよ氷山が転覆すると、ペンギン全員が海に放り出されることになるのだ。

次に、ヘッジファンドがレバレッジ投資をするための資金を、大量に貸し付けている投資銀行について見てみよう。

ヘッジファンドと投資銀行の関係は、フットボールのエージェントとスタープレーヤーにたとえられる。エージェントはスタープレーヤーになる者を見つけてくる。同様に投資銀行の役割は有能な、つまり利回りの成績のいいヘッジファンドと、ファンドマネジャーを見つけることである。

エージェントがスタープレーヤーの生活の全ての面倒を見るように、投資銀行も自分が見つけてきたヘッジファンドの面倒を見る。必要な資金を提供し、日常の資金繰りを提供する。その代償として、エージェントがプレーヤーの年俸の一部を報酬としてもらうように、投資銀行はヘッジファンドの運用成果の一部を報酬として受け取る。

投資銀行はヘッジファンドの運用資産が保全されていることを求める。当然のことである。そこでカストディアン・バンク（保管銀行）に運用資産を置くように要求する。通常は投資銀行と同系列の商業銀行である。そのカストディアン・バンクに保全されている資産を使って投資が行われたときには、投資を仲介した株式ブローカーなどのディーラーに対し、コミッションを支払わなければならない。コミッションの支払いという事務手続きは、取引量が大きくしかも頻繁に行われるために、事務量が膨大なものになる。投資銀行はそれも肩代わりする。ショートをかけるとき、すなわち空売りをするときの資金も提供する。このように、投資銀行とヘッジファンドは、持ちつ持たれつの関係が築かれる。

あるヘッジファンドが設立されたとする。普通はそのヘッジファンドが成果を上げなければ、投資銀行は金を貸してくれない。では、最初に必要な資金、シード・キャピタルはどうやって集めるのか。投資銀行は、このシード・キャピタルまでヘッジファンドに貸し付けるのである。まさに揺りかごから墓場まで面倒を見ているのだ。

クレディ・スイス・ファースト・ボストン銀行の計算によれば、二〇〇四年の世界中の投資銀行の収入のうち、八分の一はヘッジファンドからもたらされたものである。この金額は一九〇億ドルとなり、さらにヘッジファンドにカストディアン・バンクの機能を提供する手数料として、六〇億ドルが投資銀行に支払われている。一兆ドルのヘッジファンドへの投資のリターンとして、都合二五〇億ドルが投資銀行に入ってきている計算になる。つまり総貸付金額の二・五％が投資銀行の収入になっているのである。さらに、投資銀行がヘッジファンドに対してアドバイスする手数料として二％が支払われていると見られるから、トータルでは四・五％がヘッジファンドから投資銀行に吸い上げられていることになる。

もっとも投資銀行とヘッジファンドは、一心同体というわけではない。投資銀行はヘッジファンドの運用から収益を得るわけだが、資金の貸し付けは銀行業務であるから、貸付金が危機に瀕《ひん》したと思われたときには、回収しなければならない。ここに根本的な利害の対立が起こる。

ヘッジファンドが運用成果を上げるためには高率のレバレッジをかける必要があり、その過程で投資銀行はヘッジファンドに資金を貸し込んでいく。ところが貸し込めば貸し込むほど、貸付金の回収リスクが高まる。貸付金額が大きくなるほど回収が難しくなるのは当然である。ところが、貸付金額が大きくなければ運用成果が上がってこない。どこまでのレバレッジを許容するかという問題が出てくる。ここで投資銀行側に自制心が働かなければ、短期の運用成果を求めてレバレッジをどんどんかけ、貸付金の確実な回収はないがしろにされてしまう（筆者注　これがリーマン・ブラザーズという投資銀行の陥った罠《わな》だった。いわゆるリーマン・ショックの原因はここにあった）。

ヘッジファンドの投機では平均して一〇〇％から五〇〇％ぐらいのレバレッジがかけられていると見られるから、投資銀行とヘッジファンドの密接な関係の中に投下された世界の資金量の総額は想像もつかない規模になっているはずだ。その一つでも破綻したら、きわめて大きな混乱に結びつく可能性がある（筆者注　そのことが現実になる日が近づいている。二〇一一年八月の世界中の株式市場のボラティリティー・インデックスの高まり、つまり乱高下は、このことの指標とも言える）。

各国政府の金融当局は、このヘッジファンドと投資銀行の無節操な動きをなんとか規制しようとしてきた。だが、デリバティブ（金融派生商品）というものは証券取引所のビルボード上で取引されているのではない。業者間で相対取引され、しかもコンピューター取引は少なく、依然として書類取引が行われている。コンピューター取引が少数派であるために、金融当局がこれを監視できないのである。

ヘッジファンドは世界のどこにあるのだろうか？　ヘッジファンドそのものは課税されることを嫌って、国外の経済特区（オフショア）内に本社が置かれている。しかしファンドマネジャーの多くはそんな場所には住まない。ほとんど全員がニューヨークかロンドンにある、超豪華なマンションに住んでいる（筆者注　実際にニューヨーク市の税収の何分の一もがこのような超高級マンションから支払われる高額の固定資産税で賄われていることは市長のマイケル・ブルームバーグ自身が認めている）。アメリカではファンドマネジャーの多くがニューヨークに住んでいることを利用して、ヘッジファンドそのものが国外にあろうと、彼らに召喚状を発送した。二〇〇六年にはアメリカの証券取引委員会（SEC）が、ヘッジファンドの担当者を投資アドバイザーとして登録させようとした。一九四〇年の投資アドバイザー法を、ヘッジファンドの担当者にも適用しようとしたのである。ところがこれに対してヘッジファンドの大物、フィリップ・ゴールドスタインがSECを相手取って訴訟を起こし、ひっくり返した。かくしてSECの試みは水泡に帰してしまった。

ここでクレジット・デリバティブという、投資銀行・ヘッジファンド連合によって生み出された怪物について見てみよう。

ヘッジファンドは高い利回りを求めて、膨大な負債を抱えている企業、たとえばゼネラル・モーターズのような会社の社債に投資する。ところがこうした会社は倒産する危険性が高い。倒産されれば社債は紙くずになってしまう。そこでヘッジファンドはそうなった場合に備えて保険を購入する。その保険がクレジット・デリバティブである。ヘッジファンドは、投資先の企業が倒産するリスクをヘッジするために、クレジット・デリバティブを購入するわけである。ところが問題は、このクレジット・デリバティブが、実際に機能するのかということである。

まず第一に、クレジット・デリバティブはあまりにも巨大になりすぎている。二〇〇四年にはクレジット・デリバティブの額面総額は八・四兆ドルに達し、二〇〇五年にはなんと一七・三兆ドルに膨れ上がった。恐るべきことに、この金額は地球上のあらゆる企業の負債総額をも上回る。クレジット・デリバティブやその他の全てのデリバティブの二〇〇五年の総額は、二九八兆ドルにも達する。これは二〇〇六年の全世界のあらゆる国のGDPの合計額の何と八〇〇％にも達する金額である（筆者注　もはや風船に空気を入れすぎて破裂を待つ以外にどうしようもなくなっている）。

負債にまみれた世界

世界には負債の山が築かれている。

消費者は住宅ローン、クレジットカード・ローンという二つの負債の山を築いている。国家は国債という負債の山を築き、投資銀行とヘッジファンド、プライベート・エクイティ・ファンドらはレバレッジをかけて運用成績を上げるという誘惑に駆られ、これまた膨大な負債の山を築いている。膨れ上がった負債は、いずれどこかで精算されることになる。それがファイナル・クラッシュに結びつく、というのが著者ヒューゴの主張である。

著者ヒューゴがまず注目するのは、アメリカの住宅ブームである。住宅ブームはリーマン・ショックまで、アメリカ人の消費の中心に位置していたが、それはまさに負債の上に築かれたものだった。

アメリカ人は日本人と違い、電化機器はそれほど買わないのだが、家に対する過剰な消費意欲がある。とにかく大きな家に住みたがるのだ。州から州へとアメリカ人は引っ越しもよくする。そのため家をどんどん買い替える。すると、その大きな家のリビングルームを埋める家具がいる。カーテンがいる。キッチンセットも大型液晶テレビもあったほうがいい。そして一通り買って、しばらくするとまた大きな家に移る。そういうヤドカリのような住み替えで消費をあおって、経済を保ってきたのがアメリカ経済なのだ。

アメリカの経済成長モデルには消費が組み込まれているので、それを扇動しなくては経済が回らない。そのためにローンを奨励する。たとえばサブプライム（低所得者向け）ローンは、本来なら普通の金利も払えないような顧客層に当初五年ぐらい、低金利でお金を貸すというしくみだ。極端な場合、最初はゼロ金利で貸す。そして五年ぐらいたったところで本格的な返済を始めるのだが、そのときには金利が極端に跳ね上がる。この方式は、原著の中ではサブプライムローンではなく、ＡＲＭという名で紹介されている。

このビジネスモデルは、成り立つための前提がある。その一つは、ローンを組んだときにサブプライム相当であった人が、会社での地位が上がるとか、自分の事業が好転していって、金利が跳ね上がる五年後までにプライムになる、つまり高い金利を払えるような立場になること。もう一つは、彼がサブプライムで買った不動産、土地と家が、五年たったときには値段が大きく上がっていること。不動産価格が上がれば、金利が上がったときに売却するなり、その不動産を抵当に入れたまま賃貸に回して値上がり分で借り増しして安いローンに借り換えるなりして、高い金利を支払うことができるだろう。

この二つがサブプライムが成り立つための前提なのだが、実際にはそうした前提は全て崩れてしまった。サブプライム相当のカスタマーは、五年たっても、やはりプライムにはならなかった。身も蓋《ふた》もない言い方をすれば、五年前にうまくいっていなかった人は、五年たってもやはりうまくいかないのだ。そしてアメリカの不動産価格も、思ったようには上がらなかった。それどころか、バブルが崩壊して値段が下がってしまった。とくにカリフォルニアやフロリダの不動産価格の下落が著しかった。

このためサブプライムローンの多くが返済不能の不良債権となってしまった。かくしてアメリカで多量の住宅が銀行のフォークロージャー（競売物件）になり不動産市場に放出され、それが不動産価格をさらに引き下げる要因になった。こうしたアメリカの借金経済は、サブプライムローン問題やリーマン・ショックでそのほころびが見えてきたわけだが、本当の危機はこれからである。その始まりが二〇一一年八月のアメリカ国債の格下げとそれに続く株式市場の混乱である。

アメリカ国債が大破局を招く

著者がとくに強調しているのは、アメリカ政府もFRBも、さらに銀行や企業がいくら寄ってたかって変えようとしても、経済の自然のサイクルは変えることができないという主張である。

原著は二〇〇七年に出版されたため、二〇〇六年の途中までしか世界経済の動きを押さえていない。二〇〇六年の二月、アメリカの住宅販売戸数は急激に落ち込んだ。その直前まで五二万五〇〇〇戸もの住宅が建設されたのだが、それが過剰在庫となり不動産市場の暴落が始まった。それから二〇〇八年秋のリーマン・ショック以降のアメリカ政府とFRBの動きを見てみると、むしろそれまで以上に借金頼みの景気刺激策を加速していることがわかる。

金融緩和の名のもとで今、アメリカで行われているのは、金融機関からの国債の買い付けである。アメリカの中央銀行であるFRBが、民間金融機関からアメリカ国債をどんどん買い付けているのだ。不動産バブル崩壊で、借金による消費の奨励と経済成長の維持というそれまでのやり方を続けられなくなり、冷え込んだ消費を政府が肩代わりして景気を上向かせようとしている。いわば民間の借金に代えて政府の借金によって成長を維持しようとしているのだ。そのために、今や巨大な政府負債を抱える国になってしまった。共和党、とくにティーパーティー党は歳出カットを主張し、これ以上の国債発行を阻止しようとしたが、その政治的混乱が逆にアメリカ国債の格下げの要因となってしまった。

だが著者は「いくら減税を実施し金融を緩和しても景気後退は先送りになるだけであり、その発生を防止することはできない。それが自然の経済のサイクルというものだ」と言う。

経済のサイクルを先送りしても、根本的な問題を解決することにはならない。それどころか人工的に景気をかさ上げしていた分、いざ後退が始まったときには、とんでもない勢いで自由落下し、普通なら単なる景気後退で済むはずのところを、経済システムそのものを破壊しかねない大破局に変えてしまうのだ。これがファイナル・クラッシュだ。

問題は住宅ブームだけではない。イラク、アフガン戦争の戦費と巨大な消費がアメリカという国を借金漬けにしているのみならず、アメリカに製品を輸出する国々のお金までアメリカ国債で吸い取って、国内で消費しているという現実にある。ユーロ危機のギリシャ、ポルトガル、イタリア、スペインなどの負債も入れると世界の負債の山の高さは、二〇〇六年には世界中の国々のＧＤＰの八倍にものぼったという。

誰が今、山を支えているのか？　それはその山の下で必死に働く諸国民たちである。だがＧＤＰの八倍もの負債の山をいつまでも支えきれるものではない。遅かれ早かれ、ファイナル・クラッシュは必ず起こる。

それは決して一時的な経済の行き詰まり、過去にもあったスローダウンやリセッション（景気後退）ではなくて、大恐慌以来どころか、大破局とも言える産業革命以来の悲惨なものになるだろうと、著者ヒューゴは予想している。現在の経済モデルの完全な崩壊、まさにチェルノブイリや福島の原子力発電所で起きたようなメルトダウン（溶融）になるだろうと見ているのだ。ヘブライ聖書（旧約聖書）では、多すぎるもの、高すぎるもの、栄えすぎたものは常に神の手がこれを崩壊させる物語がいくつも書かれている。

金融緩和はクラッシュの毒薬となる

日本では、アメリカより一五年ほど早く、一九九〇年のバブル崩壊以降ずっと、政府の財政支出と日銀の金融緩和によって民間経済の不景気を回復しようともがき続けてきた。今も日銀はアメリカのFRBと同じように金融機関から国債を買い付けるという形で金融緩和を行っている。東日本大震災の復興資金も国債発行で賄うつもりだ。

こうした財政・金融政策の実際の効果はどう見ればいいのだろうか。著者の視点からすると、日米政府の財政支出増加も、あるいは日銀の金融緩和や「QE2（量的緩和第二弾）」を始めとするFRBの一連の金融緩和は、むしろ経済の自然のサイクルをゆがませ、ファイナル・クラッシュの悲惨さをより大きくする毒薬政策ということになる。

アメリカの場合、FRBがアメリカ国債を買い入れるということは、ドルがそれだけ市中に放出されるということだ。日銀がやれば、円がそれだけ市中にあふれていくことになる。間に金融機関を介しているというだけで、日銀が国債を直接引き受けたり、政府が自ら紙幣を刷ってばらまくのと、結局はほとんど変わらないのである。

金融緩和によって通貨が大量に市中に放出されることは、一時的に景気の刺激策にはなるかもしれない。だが、ファイナル・クラッシュの防止策にはならない。それどころか政府の借金の額を急拡大して、クラッシュを加速する要因になってしまう。景気を刺激するためにマネーサプライ（通貨供給量）を過大にするということは、瀕死の重症患者に真水を点滴するようなもので、死期を早める以外のなにものでもない。これが著者の考える経済の原則なのである。

今、「東日本大震災の復興費用を賄うために赤字国債を発行して、それを日銀が引き受ける」という提案が出ている。あるいは、復興債という特別国債を発行するともいう。現在の局面だけを見れば確かに復興資金が調達でき、政府の財政破綻も引き伸ばせるように思われるが、日本経済全体から見ると、むしろ破綻の促進剤になってしまう。後述するが、日本経済の破綻は日本だけにとどまらず、世界的なファイナル・クラッシュの引き金になりかねない。復興国債の大量発行で一時的な復興はできたとしても、経済全体がそこで頓死してはなんにもならない。

いわゆるリフレ（通貨の再膨張）策も同様で、経済の健全化に効き目がないどころか、クラッシュを招く毒薬と言える。

政府へ依存しすぎる日米欧の経済

"THE FINAL CRASH"第一部では、著者はアメリカの財政問題を取り上げ、「社会保障費と医療費がアメリカ政府の財政を圧迫している」と指摘している。アメリカでは今、平均的なアメリカ人が受け取るお金の三分の一は政府の財政支出から生まれているという。それぐらい政府からの支出によって多くのアメリカ国民が生活をし、消費をしている。

日本でも二〇一一年三月末に「生活保護受給者が二〇〇万人を突破した」という報道があった。二〇〇万人超えは戦後の混乱期であった一九五二年度以来のことで、五九年ぶりだという。三月の東日本大震災発生の影響を受け、今後さらに増えるものと見られている。これもアメリカと同じことで、日本の国民が受け取るお金の何分の一かは、政府からのお金というのが現状だ。

著者が、その言葉を引用しているボストン大学教授ローレンス・コトリコフは、「アメリカ政府は実質的に財政破綻しており、ハイパーインフレは免れない」と警告している。

コトリコフがそう考える理由は、アメリカのベビーブーマー世代がいよいよ来年（二〇一二年）から定年を迎えるからである。日本の団塊世代と同じように、アメリカにもベビーブーマー世代がいて、日米ほぼ同時にこれから定年を迎える。保険料を払わず、もらうだけ。生産には参加しないで、消費するだけの人口が、大量に増えてくるのだ。それがアメリカ政府の財政をこれから急速に悪化させるという。事情は日本でも全く同じだ。

政府の財政赤字の大きな部分を占め、これからさらに増えていくと見られるのが医療費である。どの国でも医療費の抑制は困難な問題だ。しかしアメリカは現状で、政府による医療補助の割合が先進国の間ではとくに少ないことで知られている。

アメリカの公的医療保険制度であるメディケアの対象は、六五歳以上である。それより若い人たちは、全て民間の医療保険に加入するか、自費で治療しなくてはいけない。そのメディケアも貧困家庭は切り捨てられている。つまり若いときに保険料をきちんと納めていたある程度以上の収入の人たちだけが、六五歳以上になったときに保険診療を受けられるというしくみなのだ。

これはあまりにもひどいので、「なんとかしなくてはならない」という意見はあるのだが、オバマ大統領があれだけ努力しても、やはり公的医療保険制度の創設はできなかった。「何でも公費で救済しようとすると、本当に医療が必要なときに、お金があっても診てもらえないのではないか」「医療の発達のためには今のシステムのほうがいい」といった議論があり、現在では民間保険に規制をかけたり、公的資金を投入したりするという方向になっている。それでも財政負担が大きな問題になっているので、メディケアの範囲拡大には反対する共和党員が大多数だろう。

アメリカと比較すると、日本は確かに医療費の個人負担は軽い。それは逆にいうと国庫の財政をアメリカ以上に圧迫するということだ。しかし、その日本でも最近は医療費抑制が唱えられ、次第に制限がきつくなっている。

私は数カ月前に肺炎になってしまったのだが、そのとき診断した医師に「入院して点滴治療を受けたほうがいい」と言われた。そこで、あちこちの病院を当たってみたのだが、どこにも入院ができないのだ。単に「入院して体調管理したほうがいい」というだけでは認められないのである。こちらは

「特別室でも何でも、空いているところに入れてくれ。毎日一万円余計に払っても、入院したいのだ」と言ったのだが、受け付けてもらえない。紹介状があって、外来で診察を受けてからでなければ、入院そのものが認められないという。その一方で「救急車で運ばれてきたら、ベッドは空いています」とも言う。救急車で運ばれない限り、入院もできなくなっているらしい。

自分が病気になって、そうした現実を知ったときは驚いた。「まだアメリカのほうがいい」と思ったものだ。アメリカでは少なくとも、お金さえあれば医者はいくらでも面倒を見てくれるのだから。

ある意味で、すでに日本でも財政難から来る「姥捨《うば》て山」が現実化しつつあるのかもしれない。

今後、日本政府の財政が破綻すると、政府が今のように医療費を負担できなくなる。医療保険制度が崩壊し、お金のない人は治療してもらえない世界になるだろう。無理に医療保険制度を維持しようとしても、医療費が出なくなれば医者はいなくなり、薬もなくなることは避けられない。

ファイナル・クラッシュの後には、そうした風景が当たり前になってしまう可能性もあるのだ。

負債が生んだ「失われた二〇年」

著者ヒューゴは、日本のバブルとその崩壊の過程について、確実に近い将来訪れる欧米のデット・クラッシュに先行する事例として注目している。

バブル発生の原因については、やはり低金利が大きいと見ている。一九八〇年代、アメリカが金利を上げたときに、日本ではどういうわけか金利を下げた。結果として今の中国と同じように、土地の値段や株価が上がり、世界から流れ込んだ投機資金が日本を席巻《せっけん》し、最終的にその反動が来て金融危機を招いてしまった。原因はやはり、円高ドル安に誘導した一九八五年のプラザ合意にあり、日本の政策当事者がいささか愚かだったというニュアンスの書き方をしている。

日本のバブル崩壊では、不動産と株価の下落が相次いで発生した。この下降局面で、著者によれば「一部の経済学者はペントアップ・デマンドがあると予想する」という。ペントアップ・デマンドとは、株でも何でも、ものの価格が下がってくれれば、値上がり期待の買いが入るということだ。そういうペントアップ・デマンドがあるので、経済はまた上向きになる、という考え方があるわけだが、著者は「日本の例を見ても明らかなように、それは人間の心理を経済学の中から抜き去った、ばかげた説である」と否定している。

物価が下がるときには消費者心理として、将来の経済回復への期待と自信を喪失するから、それによってさらに消費は冷え込んでいく。株価にせよ地価にせよ、売り一色になって値段がパニック的に下がっている場合には、どこかで買いが入って上向くというようなことは起きないのだ。それが一九九〇年の日本のバブル崩壊後の現象であると述べている。

日本のバブル崩壊では、銀行が貸し出しをやめてしまい、リスクをとらなくなった。その結果、経済成長がピタリと止まってしまった。明らかになったのは、それまでの日本の経済成長は、土地を担保とする過剰な銀行融資によって水増しされた、見せかけの成長であったということだ。

この偽りの経済成長は貸し出し、つまり借金が増え続けている間は続くが、あるときそこに限界が訪れる。すると成長は止まり、バブルは弾《はじ》ける。それが負債に頼って経済成長をする経済モデルにつきまとう脆弱《ぜいじゃく》性である。

現代の日本について著者は、「父親世代の罪が、亡霊のように子供たち世代にとりついて苦しめている」と指摘している。過去の過剰な借り入れが、将来の燃料を絶ち、今、必要な自動車のガソリンを過去の負債が横取りしていると言うのだ。それがバブル崩壊以降の日本の姿である。そして、この状況が九〇年以降、日本が停滞を続けている理由であると分析している。一九九〇年代からの日本の「失われた二〇年」、そして現在も続くデフレ下のマイナス成長は、過去の過剰な負債によりもたらされたものだと言うのだ。ところが日本は歳出削減の努力をせず二〇一一年の今でも借金を増やし続けている。それにもかかわらず危機が訪れないのはなぜか。その理由はこうだ。

日本では欧米に先行してバブルが崩壊したが、だからといって今後起こる世界的メルトダウンの先行モデルというわけではない。日本はバブル崩壊の後、失われた二〇年と言いながらも、なんとか最悪の事態を免れてきた。それは日本の政策が賢明だったとか、指導者の頭がよかったとかいうことではなくて、危機が訪れなかったのは、日本が二つの幸運に支えられたからである、と著者は指摘する。

日本でバブルが弾けた一九九〇年以降、二〇年近くもアメリカの消費は活発であり、同時に日本を除くその他のアジアにおいては産業の発達が著しかった。この二つのエンジンがあったために、日本は完全には失速せず、水面すれすれにとどまっていた。逆に言えば、幸運に救われていてもこの程度だったというわけだ。

ところがその二つのエンジンの回転も、途絶えようとしている。中国経済およびアメリカ経済という世界の二大エンジンが、中国はインフレにより、アメリカは格下げに見られる国家的信認の喪失により、いよいよ力を失いつつあるのだ。そのことを日本人は認識すべきである。

「アメリカの指導者や中央銀行の頭脳集団たちは、日本の失敗をつぶさに研究してきている。そして日本の失われた二〇年が、これから欧米が直面するであろうメルトダウンの、最も楽観的な経済モデルになると見ている」

著者はこう述べている。

今や、世界経済は単なる経済の不振や景気後退などではなく、完全なメルトダウンに向かって進んでいる。日本にとっても失われた二〇年の比ではない苦境が始まることになるのだ。その原因は、日米欧が自分の手で制御できないレベルにまで借金を膨らませたことだ（たくさんあるものは値を下げる。たくさんありすぎるものはクラッシュする）。

デリバティブという名の資産の水増し

著者は、ヘッジファンドと投資銀行についても、民間の借金経済をあおったチームの一員として、強い批判の目を向けている。投資銀行は、一般の市中金融機関とヘッジファンドとの間のつなぎ役を果たしている。「フットボールで言えば、選手とチームをつなぐエージェントのような役割」と著者は言っている。市中金融機関からヘッジファンドにお金がどんどん回る。そのパイプ役をやっていたのが投資銀行なのだ。二〇〇七年に出た原著の記述通り、その後のリーマン・ショックではこの弊害が一気に噴出したわけだ。

では、リーマン・ショック後の現在はどうだろう。オバマは就任以来、この投資銀行になんとかメスを入れようとしていたが、結局は頓挫してしまった。その力が巨大すぎて、どうしようもなかったのだろう。

投資銀行家やファンドマネジャーたちは、取引自体はニューヨークやロンドンでやりながら、所在地は全てオフショア、すなわち税金や取引コストが特別に低い国外の経済特区内に置いている。これも問題の一つで、各国政府が監督できないまま、借金による投資がどんどん膨らんでしまった。こうしたあらゆる構造がドル紙幣の過大なばらまきのメカニズムにつながっている。

ヘッジファンドが好んで取り扱うデリバティブは、金融派生商品と訳され、不動産などの実物資産をベースにした証券などの金融商品である。資産を担保として利子のつく証券を発行し、それによってキャッシュを手に入れ、それを新たな投資に振り向けるのである。

私が土地を持っているとする。この土地を人に貸すと、今度は借りた人がこの土地の賃借権を担保に証券を発行し、「買ってくれたら利子を払います」と言って、一〇〇人ぐらいの相手に販売する。証券を買った人は、さらにそれを担保にして新しい証券を発行して売る。そのような形で、権利の権利をどんどん作って売っていく。こういう状態をデリバティブと言う。

資産がゴールドだとすれば、ゴールドそのものを売るのはデリバティブではない。「実物のゴールドは渡しません。代わりにその期待値を買ってください」と言うのだ。ゴールドは将来、値が上がるかもしれない。だから一〇年後に売ることができる権利、その期待値を売買する。一〇年後にゴールドを買い付けることができる権利を、今の価格のたとえば一〇〇倍で譲渡する。将来一〇〇倍以上に値が上がると思ったら、今のうちに権利を買い付けておいたほうがいい。そして実際にその権利が行使されるまでの間、権利を市場で売買するのが、デリバティブである。

また、買い手は自分が買い取った「ゴールドを将来買い取る権利」を、また一〇〇分の一ずつの小分けに証券化して、いろいろな人に売る。これはデリバティブのデリバティブということになる。

元になる実物資産を角砂糖とすると、それを二リットルのペットボトルの水に溶かして増やした状態がデリバティブだ。水増しすると、一人ではとても飲みきれないほど大きくなる。だが、実物資産の実態は角砂糖の大きさなのだ。角砂糖をかじっていればいいのに、それを薄めて飲んでいるのが今の世界経済なのである。

これは金融機関で私的に作られる証券であって、それが金融機関同士の間で擬似マネーのように流通している。つまり民間の金融機関がデリバティブという名の紙幣を勝手に作ってまき散らしているに等しい。

水増しに水増しを重ねて、その総額は地球全体で考えると二九八兆ドルぐらいに膨らんでいるのだが、これは世界全体のＧＤＰの八〇〇％にもなるという。これを見ただけでもう誰の目にも、いずれクラッシュするということは明らかであろう。

日本政府の累積債務がＧＤＰの二〇〇％になって騒ぎになっているわけだが、世界全体で見れば八〇〇％なのだ。金融規制で取り締まろうとしても、そうした商品が作られて売買されてしまった以上はもう無理だ。いったん商品として売られた以上は、どこかでそれが現物化されるまでは生き続ける。もしくはクラッシュして無価値になって事態が収束する以外にはない。もう収拾がつかない状態である（たくさんあるものは値を下げる。たくさんありすぎるものは暴落する）。

ゴールドを一〇年後に買う権利を、今のゴールドの価格の一〇〇倍で買った人は、現実にそれだけの値段に上がってくれれば問題はない。ゴールドの価値が一〇年後に一〇〇倍になったら、それを買う権利も一〇年後には一〇〇倍になっているはずだ。だがもし予想と違って、ゴールドの値段が一〇〇倍になっていなかったら、どうなるか？　確実にデフォルトになる。ゴールドを買う権利の値段は暴落し、その権利を持っている人は売りたくても売れない。当然、その権利をもとに発行されたデリバティブも市場で買い手がつかなくなる。リーマン・ショックとはそういう状態だったと思っていい。

リーマン・ショックでとくに問題となったデリバティブがクレジット・デフォルト・スワップ（ＣＤＳ）という保険商品である。アメリカ最大の保険会社ＡＩＧ（アメリカン・インターナショナル・グループ）は、このＣＤＳを引き受けすぎて倒産しかかり、事の重大さからアメリカ政府が救済に乗り出す騒ぎとなった。

著者はこのCDSを含むクレジット・デリバティブの性質と危険性についてリーマン・ショックが勃発する一年半前に的確に指摘している。その慧眼《けいがん》には恐れ入るしかない。

リーマン・ショックではアメリカ財政当局と中央銀行であるFRBが、なんとか経済全体のクラッシュを防ごうと、民営化していた元公社の連邦住宅抵当金庫（ファニーメイ）や連邦住宅貸付抵当公社（フレディマック）を国有化したり、民間の金融商品を自ら買い入れたり、それを保有していた銀行に融資を行うなど、無理に無理を重ねてデリバティブの流動性を回復させた。それにより最終的な破局はいったん遠のいたが、その対症法のために新たな借金を重ねたので、「負債だらけの世界経済」という事態の病根はさらに悪化した。

今回は止められても、いつかはクラッシュが起こる。むしろ著者の視点からすれば、人為的に防いだ分、負債というダムの水位は一段と上がったことになる。つまりいざ崩壊したときの悲惨さはさらに増すことになろう。借金に借金を重ねてぼろぼろの現状を取り繕っても、さらにひどい結末を招く。

「なぜ、そういう自明のことを考えないのか」

そんな勢いで、著者は苛立《いらだ》ちをぶつけている。

危機に備えるヘブライの教え

著者ヒューゴは〝*THE FINAL CRASH*〟第一部の中で、ヘブライ聖書（旧約聖書）の有名な物語「七匹の太った牛と七匹のやせた牛」の物語を紹介している。

古代エジプトのプトレマイオス王朝は、当時の世界で最も豊かな王朝だった。それを築くことができたのは、統治者が知恵者の言葉を尊重したからだった。その知恵者は、そのときエジプトにいたユダヤ人なのだ。

ヘブライ聖書には、エジプトが豊かになったいきさつが書かれている。

エジプトのファラオがある日、夢を見た。ナイル川の川岸の緑の牧草地で、丸々と太った七匹の牛たちがナイル川の水を飲む。そして次にどういうわけか、やせ細ってあばら骨の浮き出た七匹の牛が現れ、バタバタと死んでいく。こんな夢を見てエジプトのファラオは、「この夢はどういう意味なのだろう」と臣下に聞くのだが、誰も夢の意味を解き明かす者がいなかった。

たまたま牢獄には、ヨゼフというユダヤ人がつながれていた。このヨゼフには夢を解き明かす術を持っているといううわさがあり、ファラオの前に連れてこられた。ヨゼフはファラオに「言ってもいいのか？」と前置きした後、「今、エジプトは大変豊かな国であるが、七年間の豊作が続いた後に、七年間にわたる大飢饉《ききん》が来るだろう」と予言した。

まわりの者は「バカなことを言うな。このナイルの水が絶えることはない」と嘲笑したが、ファラオはヨゼフの言葉を取り入れ、「今後、豊作が続く七年間は徹底的に倹約しよう」と倹約令を出し、余った穀物は全て穀物倉に入れて蓄えた。

果たして、予言通り七年後に大凶作がやってきた。しかも一年で終わるかと思いきや、二年、三年……七年も続いた。牛や馬も食べ物がなくなって、餓えて死んでいく。農民たちの食べ物も底を尽きかけた。しかしファラオが七年間で蓄えさせた穀物は、全土のエジプト人のみならず、周辺諸国のシリアやイラクから、メソポタミア一帯までも支えることができるほどの量だった。

ファラオは、蓄えた穀物を無償でエジプトの民に供出した。その見返りとして、農地を提供せよと言った。餓死寸前の農民たちに選択の余地はない。備蓄穀物は農民の手に渡り、飢饉が終わった七年後には、全エジプトの領地という領地は全てファラオのものになっていたという。

私はもともと日本人であるが、思うところあってユダヤ教について学び、改宗してユダヤ人となった。ユダヤ教のヘブライ聖書は、キリスト教では旧約聖書と呼んでいる。これはもともとキリスト教がユダヤ教を母体とする宗教であるためだ。ただし、ユダヤ教ではキリスト教の聖書と区別するためにヘブライ聖書と呼ばれている。

この物語について私は当然、ヘブライ聖書で読んでいたが、これについて強い印象を受けた出来事がある。リーマン・ショックの起きた二〇〇八年の年末のことである。あるユダヤ系の世界的なプライベートバンクの頭取が顧客に送ったカードの中に、この物語を引用していたのだ。

「私どもの銀行の創業は一五世紀であるが、このヘブライ聖書の物語を常に念頭に置いて、過去五〇〇年間、一度も預金者に迷惑をかけることなく運用してまいりました。今回のような問題は何度も体験済みですから、どうぞご安心ください」

そうカードに書いていた。何年も好景気が続いた後に恐ろしい飢饉が来るかもしれないことを、ユダヤ人は聖書の物語を通じて予想している。ユダヤ人は好不況の連続を、幾度となく乗り越えてきた歴史を持っているのだ。

このように故事に学ぶユダヤ人の知恵を見るにつけ、日本の指導者たちの愚かさに暗然としてしまう。かつてのバブルのとき、日本政府はお金の使い方がわからずに、「ふるさと創生事業」という名目で地方自治体に交付金をばらまいた。自治体一つに一億円である。

さらにその使い方がわからなかった自治体の長は、ゴールドの風呂を鋳造して、村民に入ってもらったりしたという。そんなことをして金を使い尽くしたところで、失われた二〇年に突入し巨額の借金を抱え、そこに東日本大震災が起きた。日本は豊作のバブルのときに倹約をせず、国家予算を何倍にも膨れ上がらせてしまって、いっさい蓄えをしなかったのである。おかげで大変な被害を受けた今になって、何をしようにもお金がなくなってしまっている。増税とさらなる赤字国債の積み重ねは、瀕死の病人の上に重石を置くがごとくである。

日本の指導者たちがやったことは、四〇〇〇年前にエジプトのファラオがやったこととは正反対である。しかし著者によれば、アメリカの指導者たちがやったこともじつは日本と大差ないという。

アメリカは基本的にキリスト教徒、中でもプロテスタントの国であり、彼らの言う旧約聖書にも当然、七匹の太った牛の物語はある。ところが彼らもまたバブル期の日本の指導者同様、好景気の後に備えることをしなかった。著者は皮肉な筆致で、「アメリカはこの太った牛を全部処理し、バーベキューにしてしまった」と指摘している。

Financial Fallout

第2章 世界経済ブラックアウト

"THE FINAL CRASH"第二部　ハングオーバー――金融の死の灰

「もし私に一国の通貨を発行する権限を与えてくれたならば、その国の法律を超越した存在になるだろう」

――アシュメル・メイヤー・ロスチルド（銀行家）

刷られすぎたドル

これはロスチルド（ロスチャイルド）財閥の創設者の息子の言葉である。この言葉は二世紀たった現代でも全く言葉通り当てはまる。通貨の発行は、その国にとって栄養にもなればがんにもなるのだ。つまり、その国の通貨の発行をコントロールできれば、その国を生かすも殺すも自在になる。

アメリカの通貨であるドルについてはっきり言えることは、「ドル紙幣は刷られすぎてしまった」ということである。世界は今やドルの下落に直面している。それも人類史上経験したことのないスケールでの暴落だ（筆者注　たくさんあるものは値を下げる。たくさんありすぎるものはクラッシュする）。

基軸通貨を発行していた帝国は、どのようにしてその地位を失っていくのだろうか。

何世代にもわたる無能なローマ皇帝の後を継いだ皇帝ネロは、ローマ貨幣に含まれる金銀の量を減らすことを思いついた。そうすることによって、従来以上の数の貨幣を鋳造できるからだ。ネロは貨幣に含まれる金と銀の量をどんどん減らしていき、最終的にはほとんど金と銀を含まない貨幣まで鋳造するに至った。かくしてローマ帝国は滅んでいった。

それと同じことがイギリスでも起こっている。一二世紀、ヘンリー一世が王位に就いた頃、イギリス通貨に含まれる銀の含有量はどんどん減っていた。一一四二年、ヘンリー一世は国内の貨幣鋳造業者が含有銀量を不正に操作していることに怒り、彼らを処刑した。それでもコイン鋳造業者による不正操作は変わらなかった。

しかも不幸なことにその後、銀含有量の不正操作にイギリス国王が自ら手を出したのである。ある国の建国の精神とその偉大さが失われた場合、その国の通貨は価値を失い、最終的には紙くず同然となっていく。その過程はいずれも滅んでいったローマ帝国、ビザンチン帝国、そしてオスマン帝国に見られる。大英帝国もその例に漏れない。大英帝国は一八世紀、産業革命によって得た富で金本位制を確立したが、一九世紀後半、アメリカと植民地に対して負債を負うにつれ、世界の基軸通貨となっていたイギリスの通貨ポンドはその価値を落としていったのである。

現代の基軸通貨であるアメリカのドルは、国内の二つの戦争を経て誕生した。独立戦争と南北戦争である。

一七七六年、独立宣言がなされ、アメリカはイギリスの植民支配から独立した。それを阻止せんとするイギリスとの間に独立戦争が起きた。当時、アメリカの独立をめざした大陸会議は独自の紙幣を発行した。「コンチネンタルズ」だ。このコンチネンタルズこそアメリカ大陸で最初に発行された通貨なのである。

　ところがコンチネンタルズは生まれたばかりのアメリカという国の通貨であったため、ゴールドの裏付けが全くなかった。コンチネンタルズという紙幣は、独立戦争とその後に続く南北戦争の戦費調達のために大量に刷られ、やがてインフレ（物価上昇）のもと紙くず同様となって消え去った。当時のアメリカ国民の間では「紙の通貨など信用できない」ということが共通の認識となった。

　一八六〇年代に起きたアメリカの内戦、南北戦争の際には、北軍は裏面が緑色のドル紙幣を発行した。一方、南部諸州は独自の通貨「コンフェデレート」を発行している。この南部諸州のコンフェデレートも、ゴールドを持たずに発行された、全く裏打ちがない紙幣であった。しかも南軍のコンフェデレート通貨は、北軍の通貨の倍以上も発行された。当然インフレが襲ってきた。インフレは南部住民のコンフェデレートに対する信頼を失わせ、またインフレがインフレを呼び、ついに通貨の切り下げという事態に陥り、戦争に負けたのである。

　その後、アメリカの通貨はドルに統一されたが、アメリカの通貨が世界の基軸通貨になるまでの道は、紆余《うよ》曲折に満ちていた。

　アメリカ経済は第一次大戦まで、しばしば金融危機を経験している。一八七三年、一八八四年、一八九〇年、一八九三年、一九〇七年である。しかし、これらの時代のドルは金本位制のもとにあり、ドルは政府の持つゴールドの量以上には発行され得なかった。

一七八九年のフランス革命は、ブルボン王朝がイギリスとの戦争を通じて巨額の借金を背負い、そのために人々に重税を課したことにより起こったものである。このフランス革命を横目で見ていたアメリカ建国の父たちは、ゴールドに裏打ちされた通貨発行が国家の存続にいかに重要であるかを肌身で知ることになった。

それからは金本位制が守られ、金山や金鉱脈が発見されるごとにそれに見合った通貨が発行されてきた。金本位制のもとでは、銀行も貸し出しのために一定額のゴールドを保有していなければならない。したがって銀行が無謀な貸し出しに走ることもなかった。

事情は金本位制をとるどの国でも同じであった。金鉱脈を発見するか、あるいは海外の植民支配を行ってその国のゴールドを収奪するか、あるいは平和な貿易を通じてゴールドを調達するか、いずれにしても獲得されたゴールドの量に応じて発行されていたのがその時代の通貨であった。

ただし、金本位制には産業の発達にとって不都合な点もある。イギリスの産業革命のときも、その通貨ポンドはイギリス政府所有のゴールドの量に応じて発行されていた。このため産業革命により大量生産が可能となり、消費材が市場にあふれるようになっても、人々はそれを容易に買い求めることはできなかった。金銀の量に応じてしか通貨を発行できなかったからである。

これは産業革命と大量生産の進展には制約となる。そこでアメリカの産業革命資本家たちは国家に圧力をかけ、一九一三年に連邦準備法が制定された。この法律により現在のFRB（連邦準備制度理事会）が設立された。その役割は完全雇用と経済成長のために、より「柔軟な」通貨の供給を行うことであった。このときに金本位制の厳格な意味、すなわちゴールドと通貨の同一価値性がわずかながら緩められたのである。

その後アメリカでも産業革命が進行し、大量生産を行うことになった企業家、産業家たちの圧力によって、ゴールドとドル紙幣との関連性は薄められていくこととなった。とはいえ、ドルの価値はゴールドを基準として定められており、それはその後も大きく揺らぐことはなかった。

これを歴史的に振り返ってみよう。

一七九二年の通貨法では、一トロイオンス（三一・一〇三五グラム）の金貨の値段は一九・七五ドルと決められた。一九四四年に発効したブレトンウッズ協定では、一トロイオンスは三五ドルと定められていた。それはニクソン大統領による金本位制からの離脱の宣言が行われた一九七一年まで、公式のゴールド価格であり続けた。つまり一七九二年から一九七一年までの一八〇年間で、ドルの価値はせいぜい半分程度にまで下落したにすぎない。

しかし二〇〇六年には、同じ一トロイオンスの金貨の値段は六四四ドルにもなった。一七九二年に二〇ドル以下で買えた一トロイオンスの金貨は今や、六〇〇ドル以上も積まなければ買えないのである（筆者注　二〇一一年四月には一五〇〇ドルを突破、そしてアメリカ国債の格下げが引き金となり二〇一一年八月にはさらに一九〇〇ドルまで上昇し、史上最高値を更新している）。

一九七一年から今日に至るまでの四〇年足らずの期間に、ドル紙幣の価値は二〇分の一に低下してしまったのだ。

なぜそんなことになったのか。原因ははっきりしている。ドルの大量増刷が行われたためである。一九四四年七月、第二次世界大戦までの世界金融の不確定な状態を解消するために、ブレトンウッズ協定が結ばれた。それにより世界の通貨の中で米ドルだけがゴールドとの定率での交換を保証し、一トロイオンスの金は三五ドルに固定された。世界各国の通貨はゴールドに裏打ちされた米ドルに対しての交換レートによって、それぞれの価値を決められたのである。

このような体制がつくられたのは、その時点においてアメリカが全世界の政府のゴールド準備三三〇億ドル相当のうち、三分の二以上に及ぶ二六〇億ドル相当までを所有するに至ったからである。しかもアメリカはゴールドの保有に加え、石炭および石油の最大生産国でもあった。

このブレトンウッズ協定の金本位制および固定為替制度のメリットを享受した国が二つある。それは第二次世界大戦の敗戦国としてアメリカがその復興を支援することとなった、日本とドイツである。続く一〇年の間に、両国はアメリカの保護のもと、経済的には積極的に成長を続けた。ドイツは喜んでアメリカ国債を貯蓄し、一九六〇年代にはそれまで持っていた英ポンド建てのイギリス国債の二倍のアメリカ国債を保有するようになった。

ところがアメリカがベトナム戦争に突入すると、ブレトンウッズ協定の金本位制がアメリカの足枷《かせ》になってきた。膨大な戦費を調達するためには、大量のドル紙幣を刷らねばならない。しかし金本位制のもとでは、刷るドル紙幣に見合うゴールドを保有していなければならない。

かくしてニクソンは、一九七一年八月一五日に金本位制を廃止した。それによって、ドルからのキャピタル・フライト（資本逃避）が発生する。アメリカからマネーが逃げ出し、為替市場でドルが売られ、米ドルの価値は下落した。米ドルはもはやゴールドに裏打ちされた通貨ではなくなり、アメリカ国債という負債に裏打ちされた通貨になり下がったのである。固定相場制度は崩壊し、世界の通貨は変動相場制に移行していった。

一九七三年には、再びドルの価値は下落した。オイルショックにより世界中で苦痛に満ちたインフレが発生したのだ。これはドルという基軸通貨がゴールドという錨《いかり》を失って漂流した結果であった。大量に刷られたドル紙幣とインフレがアメリカにもたらしたものは、農業生産の疲弊、産業競争力の喪失、そして貯蓄、倹約を旨とする生活態度の喪失である。

大量に発行された米ドルは、世界経済にも大きな影響を与えた。一九八〇年代初めにドルはメキシコになだれ込んだ。そしてバブルとその崩壊により、一九八二年のメキシコ経済危機という事態を招いた。

次は日本の番である。一九八五年、ニューヨークのプラザホテルでG5、つまりアメリカ、イギリス、フランス、ドイツ、日本の主要五カ国の間でプラザ合意が結ばれた。米ドルを引き下げ、それ以外のG4の通貨を引き上げていくという動きを加速させることを合意したのである。

米ドルの価値が下がることを、G5は認めざるを得なかった。その結果としてドルの価値は約五一%も下がった。あまりにも下がりすぎたことに驚いたG5は、一九八七年にルーブル合意を取り付け、なんとかドルの暴落を食い止めようとした。このルーブル合意により、ドルは切り上げられ円は切り下げられることとなったが、結果的には過小評価された円のもとに大量のマネーが流れ込み、資産バブルを引き起こした。日本の不動産価格は一九八五年から一九八九年にかけて三倍に高騰した。

ドルの過剰による混乱は、さらに一九九七年のアジア通貨危機、一九九八年のロシア経済危機、そしてニューヨーク、ウォールストリートにおけるヘッジファンドLTCMの破綻(筆者注 そして二〇一一年八月のアメリカ国債の格下げによる株式市場の乱高下)へと続いた。

アメリカの過剰消費は、まるで真空ポンプのように世界の他の国々からの輸入を引き寄せ、輸入代金としてあふれ出たドルは世界中で増え続けた。このような貿易不均衡は、長期的には通貨の下落となって表れてくる。

問題はキャパシティーにある。ドルの供給が限られていれば、この泉はあふれ出ることなく保たれるだろう。しかし、アメリカの産業競争力が低下し、アメリカ国内の石油の埋蔵量が減少し、エネルギー輸入代金が増加するにつれ、貿易赤字は拡大し、そのための支払いに必要なドルは膨れ上がっていった。

幸いなことに米ドルは世界貿易の基軸通貨になっていたから、依然としてその価値をある程度は保持していた。しかし二〇〇二年以降になるとドルが弱くなり続け、ゴールド価格が上がり続けるという状況が生じている。それは九・一一以降、ブッシュ大統領がアフガニスタンとイラクという二つの戦争によって、ニクソンのベトナム戦争とほぼ同様に、膨大なドルを必要とし、政府予算を赤字化させ、ドル紙幣を大量に印刷する事態に陥ったためである（筆者注　九・一一はアメリカの通貨政策に麻酔の毒矢を放ったのである）。

このドルの大量増刷の頂点に君臨したのがアラン・グリーンスパンである。アメリカ政府はグリーンスパンがFRB議長であった時代、物価統計に操作を加えるようになった。インフレ率、すなわち物価の上昇率を発表する際、前月比あるいは前年同月比の数値しか発表しないことにしたのだ。現在の物価が五年前と比べてどう変わったのか、あるいは一〇年前、一五年前と比べてどれぐらい物価が上昇したのかというデータは、もはや発表されないのである。

これは一種の詐術だ。「前月と比べればわずかコンマ数％の上昇だ」と人々は思ってしまう。しかし大量に刷られたドル紙幣のせいで、一〇年、二〇年という長いスパンで見たときは、恐ろしいほど通貨の価値は下がってしまった。他のあらゆる生産物と同様、過大な量の通貨が世界の市場にばらまかれた場合、ばらまかれた量を超える需要がない限り、その価格は下落する。通貨の場合の「価格」とは、為替レートまたはインフレ率と言い換えてもいい。

現在のところ、アメリカに流入する投資というドル需要が、米ドルという患者の命を支えている輸血である。その投資の最大のものは、アメリカ国債の購入である。二〇〇五年には、アメリカのドルの循環に必要な金融資金の流入量は、一日に二〇〇億ドルに達している。アメリカ国債の購入額の半分を外国が支えているということは、これを考えると少しも不思議ではない。東アジア諸国のドル建て債券への嗜好《しこう》は弱まってきているが、不足分は中東から還流してくるオイルマネーによって支えられている。

つまり、石油と工業製品をアメリカへ輸出することによって利益を得ていたまさにその国々が、あふれ出るドルを吸い上げる役割を担っているのだ。彼らは輸出で得た代金でアメリカ国債を購入しており、それがドル紙幣の価値を人工的に維持する結果となっている。アメリカに石油と工業製品を満載したタンカーが着く。その帰りにはアメリカの国債を満載していく。アメリカ人が買う商品を中国が輸出し、中国にドルがたまる。中国がそのドルでアメリカ国債を買う。それによりアメリカに還流したドルでまたアメリカ人が輸入品を買う。

この循環を「チャイニーズ・ランドリー（中国製洗濯機）」と呼ぶ。理論的には、この資金のループ（グルグル回り）が永遠に続く限り、アメリカにとっていい時代は決して終わらないはずである。アメリカがアジアの商品を買い続ける限り、アジアはアメリカの発行する巨額の債券を購入し続けるだろう。ベン・バーナンキがほのめかしたように、アメリカは、アジアのあふれんばかりの貯蓄の行き先を与えることで、アジアを利してきたのである。

ドルと中国・人民元との交換レートは、中国政府によって固定的に決められている。これが「北京ペッグ」である。これにより、中国はマーケットの暴力から通貨を保護することができ、また安い価格で商品をアメリカに輸出することができた。中国の輸出産業は成長し、やがてアジアの貿易黒字は、そのままアメリカの貿易赤字であるという状態が生まれた。中国の国際的な地位は、その通貨がドルにペッグ（固定）された結果、大きく向上することになった。中国は安い人民元のおかげで輸出で稼ぐことができ、その貿易黒字の余剰分をアメリカ国債購入という形でアメリカに再投資した。アメリカ国債を購入してそこに信用性を供与するのと同時に、アメリカが成長軌道を維持することを認めたのである。

この遠大な過程の初期の段階では、アメリカ国債の金利を低くしようとする強い力が働いた。一九五三年から一九八二年の間までを見ると、アメリカの一〇年物国債の金利は三％から一五％に跳ね上がっている。ところが一九八二年以降を見てみると急速に下がってきており、二〇〇四年には記録的なレベルまで低下している。

アメリカの国債市場を歴史的に俯瞰《ふかん》すると、アメリカ国債の金利は一九三二年、一九四二年、一九四九年、一九七四年、一九八二年に大きく低下しているのだが、二〇〇六年の現時点ではさらに低い、二％そこそこのレベルで推移している（筆者注　二〇一一年八月のアメリカ国債の格下げにもかかわらずこのレベルが変わらないのは、チャイニーズ・ランドリーのおかげだ。しかし、チャイニーズ・ランドリーが故障しかかっていることに人々はそろそろ気づき出した）。

近年のアメリカの国債のイールド（利回り）が歴史的に低くとどまっていたということは、それをどんどん買う買い手がいたことを意味する。その買い手とは八〇年代までは日本であり、そして最近では中国を始めとするアジアの新興国である。こうした巨大な買い手が買い続けることによって、アメリカ国債の金利は低いままで推移してきた。それがアメリカの市中金利を低く抑えることにつながり、国民も企業も借金まみれになるよう仕向けたのである。

だが、古典的な経済学では予想もできなかったこの過程により、アメリカは自らの衰退を招くことになった。誰もが利益を得ているように見えたこの資金循環の隠された代償は、生産工場が必然的にアメリカから中国へと奪い去られることだった。アメリカがイギリスから世界の工場の地位を奪ったのと同様である。つまり雇用の喪失である。

多くのアメリカ人たちは、今も自分たちのことを、手を汚さない人間ではなく、汗をかいて働く人間だと思い込んでいる。ところが実際のアメリカ人は、今や自分では機械油で手を汚し、額に汗しては働かず、借金で優雅な生活を楽しんでいるにすぎない。しかしよく考えてみれば、これは恒久的な繁栄ではあり得ない。

アメリカでは二〇〇五年に、海外に支払わなければいけない金利が、アメリカが海外から得る配当や金利、資産運用収益を上回るようになった。つまりアメリカは二〇〇五年の時点で、金利収入で楽ができる身分から、借金の金利の支払いに追われる状態に転落したのである。

二〇〇六年には九〇〇〇億ドルの経常収支のマイナスに陥っている。このように経常収支がマイナスに転じると、そのマイナスを補うために資本収支を使わざるを得なくなる。資本収支とはアメリカに入ってくる直接投資の金額である。外国政府や外国企業がアメリカ株式を買い、アメリカの上場企業の株を買い、アメリカに新規上場する会社の株を買う、これが資本収支のプラスである。ところがアメリカ企業も海外からの投資を惹《ひ》きつけるほどの元気がなくなってしまい、もはやアメリカの資本収支を補充するものはアメリカ国債しかない状況になってしまった。

このような状態で、ドルがその基軸通貨としての地位を失いつつあることは明らかである。中国政府は過剰なドル資産の保有量を減らすことについて口を閉ざしているが、他の国々はもっと率直である。産油国は明確なドル離れを示している。石油やその他の鉱物生産国は弱体化しつつある通貨ではなく、強い通貨で代金を支払ってくれることを望んでいる。それまでのドルを決済通貨としていた産油国では、UAE（アラブ首長国連邦）、シリア、カタール、クウェートといった国がドル以外での石油代金の支払いを求めるようになってきた（筆者注　二〇一一年八月のアメリカ国債格下げに伴い、安全通貨であるシンガポール・ドル、スイス・フラン、スウェーデン、ノルウェーの通貨が値を上げているのは、その表れである）。

たとえば二〇〇六年四月、カタールはその外貨準備の四〇％はユーロで行うと発表した。そしてヨーロッパの非ユーロ使用国であるスウェーデンとスイスもこれに追随することとなった。その動きは世界が注目するところとなった。二〇〇〇年一一月、あのサダム・フセインが「イラクの石油は全てユーロで支払え」と全世界に向かって宣言した。同じく産油国のベネズエラもこれに歩調を合わせた。二〇〇五年にはイランも石油代金をユーロで支払うように要求するようになった。

この状況を見て二〇〇五年四月、グリーンスパンの前任のFRB議長だったポール・ボルカーは「アメリカは薄い氷の上でスケートをしているようなものである」と警鐘を鳴らした。アメリカはもはや、アメリカ国債の償還資金に充てるために、単純にドル紙幣を印刷すればいいというわけにはいかなくなりつつある。

いずれ中国は(いや、いずれではなくすでに気づいているのだが)、アメリカ国債というアヘンをつかまされることは自国にとってきわめて危険だと意識するようになるだろう(筆者注　その証拠にアメリカ国債の格下げに際し、中国政府はアメリカ政府に「身の丈に合った」財政支出をするように倹約政策を要求した)。しかし当面そのアヘンを買わざるを得ないこともまた事実である。現状は日本も含めて世界中の全員が壷《つぼ》に手を突っ込んで、もはや抜けない状態である。

アメリカの資本収支と経常収支のマイナス状態が続けば、米ドルは値下がりする。ドルが値下がりすれば、アジア各国の中央銀行は外貨準備として保有している膨大なアメリカ国債の価値が下がり、大きな損害を受けてしまう。米ドルが一%値下がりすると、中国は一〇〇億ドルを失う計算になる。このためアジア各国の中央銀行は、ドルの値下がりを防ぐためにもアメリカ国債を買い続けざるを得ない。

しかし、こういった状態が長続きするはずもない。中国は現在のサイクルが自分たちを利すると考える間は続けるだろうが、そうでなくなった場合にはただちにこれを捨てるだろう。中国がアメリカ国債を買わなくなると、アメリカ国債の発行金利が一・五%上がる。つまりアメリカの長期金利が一・五%上がる。そしてドルの価値は安くなっていく。

では、買われ続けていたアメリカ国債が逆に売られ始めたらどうなるのか。これまでとは正反対のことが起きてくる。長期金利は上がり、ドルの価値は下がり、アメリカをインフレーションが襲う。いつか必ずそうした反動が起こる。中国が永遠にアメリカ国債を買い続けることはあり得ないからだ。いずれは買いから売りに転じる。

アメリカが中国に対して人民元の切り上げ圧力をかければかけるほど、中国は投資対象を多様化する方針をとるだろう。すなわちゴールド、不動産、石油、鉱物資源への投資を活発化させ、これらの国際価格を引き上げていく。なぜならば、人民元を切り上げることは中国にとって国家の富を失うことであるから、その手当てが必要となるからだ。この損失は投資によって補うことができるのだ。

世界のパワーバランスはすでに大きく変化しつつある（筆者注　アメリカ国債が引き下げられ、ドイツ、フランス、イギリス以下の国に転落したことにより、完全に中国に移った）。日本以外のアジア諸国が世界における工業生産を主導するようになっているにもかかわらず、世界の先進国のほとんどがそのことに気づいていないのは、注目すべきことと言える。

中国は今や、世界最大の外貨準備高を誇っている。二〇〇六年には一兆ドルを超えている。二〇〇五年には貿易収支の黒字が一〇二〇億ドルにもなっている。中国はまた、アメリカに続く世界第二の消費大国になろうとしている。中国の政治家たちは自国民が西洋の影響に完全にさらされるには早いと考えているが、そんなことより先に、世界中の企業が中国市場のシェアを競い合うようになるだろう（筆者注　現実に、そうなっている）。

この国についてのあらゆる研究は、いみじくもナポレオン・ボナパルトの言葉を裏付けるものだ。

「中国は眠らせておけ。もし起き上がったら世界を震撼《しんかん》させる」

中国という巨大なドラゴンが寝ている間はよかった。しかし今や起き上がってしまったのである。この状況のもとで、アメリカ政府はどう行動すべきだろうか。

ある国が経常収支のマイナスを減らそうとすれば、金利を上げて景気を減速させ、輸入品への需要を減らすことになる。あるいは逆の方法もある。金利を下げて通貨の下落を許容し、それにより輸出が拡大し、海外に保有する資産がより高い資産価値を持つようにするやり方だ。

しかし、今やアメリカは鉄のグリップに挟み込まれており、どちらの道に行くこともできない。金利を上げれば海外の債権者へのアメリカ国債の支払金利も増えてくるので、当然経常収支が悪化する。それはまた、ローン金利の上昇を通じて住宅市場を危険な下落の縁に立たせてしまう。金利を下げて通貨価値の下落を認めるオプションをとれば、輸入品価格と石油価格のインフレを招く。それにより貿易赤字が拡大し、アメリカ国内でインフレが発生する。このインフレを抑えるためには再び金利を上げなければならない。

そもそも、いくら中国に圧力をかけて人民元を切り上げるように言ったところで、アメリカの輸出拡大の手段としてはもはや手遅れである。もし、中国とアメリカが同じ産業分野で競争しているとするならば、人民元の切り上げはアメリカ産業の再生に役に立つだろう。しかしそれは事実に反する。中国はローテク分野の生産を行い、アメリカはハイテク分野の生産を行っている国である。人民元を切り上げたところで、アメリカ産業の活性化や輸出増加には役に立たない。

二〇〇六年四月のＧ７（主要七カ国）の会合では、「人民元の為替レートの柔軟性を中期的に増すこと」が要望されたが、興味深いことにこの声明に日本は賛同しなかった。少なくとも先進国のうち一国は、世界政治の将来的な見通しについて理解しているようだ。

結局アメリカは、金利を上げようと下げようと、どちらに動いたとしても、同じように致命的なポジションに入り込んでしまう。このようにアメリカ自身がもはや選択肢がない状況に陥っているのである。これこそ負債の罠《わな》である。

この本質的なアメリカの弱さに気づいているのは諸外国だけではない。アメリカの投資家たちもまた、その資産をアメリカ国外に移そうとしている。将来的にはアメリカが衰退する一方で、中国が急速に力を蓄えていくだろう（筆者注　二〇一一年のアメリカ国債の格下げはアメリカの衰退を公証したものだ）。

「私の父はラクダに乗っていた。そして私は車を運転している。私の息子は自家用ジェット飛行機を持つだろう。そして私の孫はまたラクダに乗る」

――サウジアラビアの格言

エネルギー資源の不足と価格高騰

過去に石油危機は四度起こっている。一九七三～七四年、次が一九七九～八〇年、その次が一九九〇～九一年、そして直近は二〇〇〇年である。いずれの危機の際も、石油資源が枯渇したわけではない。じつは石油は十分にあったのである。しかし二〇一〇年以降については、今までの石油危機と全く違う状況にある。それは中国を始めとする新興工業国の出現である。

現在のところ、およそ三五億人のアジアの人々が、三億人しかいないアメリカ人とほぼ同じ量の石油、すなわち一日当たり二二〇〇万バレルを消費している。世界全体の一日当たりの消費は八五〇〇万バレルであるから、中国、インド、アメリカの三国で世界の石油の約半分を消費していることになる。中国とアメリカを合わせた石油消費は、二〇〇四年の世界の消費分の五八％を占め、二〇〇五年の増加分の四三％を占める。

二〇〇六年四月のアメリカ予算委員会は、中国の石油消費の増加だけで、これからの五年間で世界の石油価格を一バレル当たり一四ドル引き上げる要因となると述べた。米ドルとアメリカ国債の価値が下がってくると、中国はそれによる為替差損を避けるために、投資先をドル以外に多様化し始める。たとえばゴールドや不動産、あるいはユーロなどに投資対象を振り向けると予想される。

米ドルの価値が低下し、アメリカの長期、短期の金利が高騰するということは、世界的規模でインフレが起こるということを意味する。このため、中国政府は値段が上がる前に石油および鉱物資源を確保しようとする。ビクトリア朝時代には植民地の奪い合いが行われたが、今日奪い合われるのは資源である。こうした中国の行動が、ますます石油や鉱物資源、ゴールドなどの値段をつり上げていく（筆者注　アメリカ国債の格下げは、中国のこうした行動のスピードを上げるだろう）。

石油の価格は、需要と供給で決まる。供給は世界の石油の埋蔵量が、あとどれぐらいかということにかかっている。しかしこれは、じつは誰も正確にわかっていない。たとえばサウジアラビアの国営石油会社アラムコは、一九七九年以降は埋蔵量を全く公表していない。アラムコが石油埋蔵量を一九七九年以降公表しなくなったという事実は、世界の石油生産量がピークに達しつつあることを示している。

シェル石油の予測によると、楽観論をとれば、石油産出量は二〇二五年まで増え続けるという。しかし悲観論をとるなら、二〇〇八年にはピークを過ぎるともいう。ということは、間をとれば、二〇一〇年から二〇二〇年の間に世界の石油産出量はピークに達し、それ以降は減っていくということになる。

産出量がピークを迎える一方で、石油の消費量は増え続けている。一九五〇年から一九七〇年にかけて、石油の消費量は一日当たり五〇〇〇万バレルも増加している。一年で一日当たりの消費量が二〇〇万バレル増加している勘定だ。その理由はこの時期、アメリカ、日本、ヨーロッパが自動車の生産量を増大させ、石油を大量に使ったことである。

ＩＭＦ（国際通貨基金）の予測によると、二〇〇四年に一日当たり八二〇〇万バレルだった世界の石油消費量は、二〇三〇年には一日当たり一億四〇〇〇万バレルに増加するという。最大の原因は中国における車の増加である。アメリカでは、約三億人の人口に二億七五〇〇万台の車があふれている。この人口と車とのアメリカの比率が中国にも当てはまる時期が、もう目の前に来ている。

いずれにしてもこの二つの事実、すなわち産出量はピークに達し、世界の石油需要は日々増大していくというデータを組み合わせれば、どういう事態が起こるかは誰の目にも明らかである。

今後、カスピ海、西アフリカ、ブラジル、カナダ、あるいはカナダのアルバータなどに存在するオイルサンド（鉱物油分を含む砂岩）が石油資源として使われることになるという議論もあるが、これらの開発には、巨額の投資が必要とされる。たとえばカナダのオイルサンドの開発にはすでに四〇億ドルが使われ、さらに開発を続けるならば七三億ドルが必要であると言われている。そうしたところで、一日当たりわずか一〇万バレルの石油がとれるだけである。これは世界の消費の〇・一％にすぎない。

世界の石油消費量の増大に見合うだけの石油開発を行うとしたら、その投資額はどれぐらいになるのだろうか。ＩＥＡ（国際エネルギー機関）の試算によると、二〇三〇年までにその額は一七兆ドルと言われている。これは世界の金融情勢および中東の不穏な動きから考えて、およそ不可能と言わざるを得ない数字である。それでも一七兆ドルを石油資源の開発に向けるとするならば、世界の石油価格が今後、非常な高値になってくることは間違いない。

農作物についても、今後は需要が供給を上回る可能性がある。

今、中国では農村から都市に押しかける人々によって、毎月アメリカ南部最大の都市の一つ、ヒューストンと同規模の都市が建設されている。中国の農地は極端に不足しており、今や穀物は輸入しなければ国内消費を満たすことができなくなっている。世界の耕作可能面積のわずか一四分の一しか中国にはないので、中国はその巨大な食糧需要を満たすため世界中の穀物を買いに走ることになる。このことが穀物価格の上昇を招く。

穀物や鉱物資源の需要に与える影響が大きいのが人口である。世界の人口増加を見てみよう。

一八〇〇年から一九二二年までで、世界の人口は一〇億人から二〇億人と倍になった。この間、一二〇年を要している。ところが、一九二二年から一九六〇年の四〇年間で二〇億人が三〇億人になっている。つまり一〇億人増えるのに一二〇年かかったのが、次は四〇年で達成されている。この間、一九六〇年から一九七五年まででさらに一〇億人増え、世界の人口は四〇億になっている。この間、一五年しかかかっていない。一九七五年から一九八八年までの間の一三年間では、四〇億人が五〇億人に増えている。一三年しかかかっていない。さらに一九八八年から二〇〇〇年までの一二年間で、五〇億人が六〇億人に増えている。

一八〇〇年から一九二二年までは、一〇億人増えるのに一二〇年かかっていたものが、今やわずか一二年だ。世界の人口は驚くべき加速度で増え続けているのだ。

歴史を振り返ると、一三世紀から一九世紀の初めに神聖ローマ帝国が滅びるまでの間は、世界の人口はほとんど増えなかった。これは疫病やいろいろな問題、戦争などが起こったからだ。ところが今や、過去四〇〇万年で生まれた世界の人口よりも多い人口が、一九五〇年以降に生まれている。これは驚くべきことである。

世界の人口は、二〇五〇年には九〇億人になる。この世界の人口増加は、資源の需要に一〇〇%つながってくる。穀物にはまだ増産の余地があり、なんとかこの人口増加に追いつくかもしれないが、地中から掘り出す鉱物資源や貴金属、石油については無理だ。値段が跳ね上がっていくことは目に見えている。

アジアの勃興によって引き起こされる需要増加とは無関係に、投資家はドルの下落にも備えなくてはならない。ドルの下落は多くの商品相場に容赦ない価格高騰をもたらすだろう。それは両者の関係の裏返しである。

鉱物資源や食糧の供給源が限定されていること、中国、インドなど新興国を中心とする人口増加とそれらの国々の経済成長、そしてドルが安くなること。この三つが要因となって、ドルを基軸とした商品価格は確実に上昇していく。とくに中国、インドの経済発展と人口増加はいや応なしに商品市場の需要を膨らませ、そこに流れ込む資金を膨らませる。

最近、世界中のヘッジファンドが穀物、石油、鉱物資源、貴金属の商品市場になだれ込んでいる。商品市場を専門にするヘッジファンドの数は二〇〇〇しかなかったが、二〇〇四年には四五〇にもなった。結果として商品市場の先物取引の総額は、二〇〇四年には一三〇〇億ドルに達している。

とはいえ、価格高騰はいつかは元に戻る。なぜなら価格上昇は必然的に需要の減少を導くからだ。そしてそれに付随して無視できない景気の下降が起きる。インフレは消費者の消費性向を低下させる。とりわけ、可処分所得がすでに高い金利によってえぐり取られていれば、その程度はひどくなる。

中央銀行は、インフレに対してはより高い金利によって対処すべきだ。借り入れコストが上がれば、アメリカ国民は収入を超えて消費する力を搾り取られる。そして、アメリカの負債と消費のサイクルは、インフレと高金利による節約への心理学的切り替えによって消滅するだろう。

「政府はうそをつく。銀行もうそをつく。公認会計士もうそをつく。しかしゴールドだけはうそをつかない」

――ウィリアム・リース・モッグ卿（『タイムズ』元編集主幹）

資産防衛対策としてのゴールド投資

ある国の通貨がその負債の多さゆえに価値を失っていった場合、それはその国が輸入する鉱物資源や作物の値段が上がるのと同じ効果をもたらす。これがその国にインフレを引き起こす。投資家がこのインフレに対抗しようとする場合、鉱物資源や穀物に投資することになる。歴史から見て明らかな通り、中でもゴールドを持つことが、インフレに対する究極の対策となる。

一般的に、インフレに強いのは株式と言われている。確かに過去の歴史を見ると株式価格はインフレよりもわずかに高い率で上昇しているが、石油価格、銅、金銀の価格の上昇は同期間の株価上昇率のはるか上を行く。

ここで最も産業的需要の多い銅の値段の変化を見てみよう。二〇〇一年から二〇〇六年にかけて、銅はトン当たり一〇〇〇ドルから八〇〇〇ドルに値上がりしている。同様の期間、ゴールドも石油も全て値上がりしている。新たな金山、銀山、銅山、油田が、ほとんど開発されていないからだ。

このような鉱物資源、石油などの価格の指標となっているのが、ニューヨークで一九八六年に始まったCRB（コモディティー・リサーチ・ビューロー）のインデックス（指数）である。他にもゴールドマン・サックスのGSCI、ダウ・ジョーンズのAIGコモディティー・インデックスといった指標もあり、こういった指標を検討すると、

「ドルが弱くなればなるほど商品相場は上がっていく」

ということが明らかになる。それは、鉱物資源の取引が全て米ドルで行われているからである。したがってドルが安くなると、商品市場では近い将来の値上がりを見越して大量の取引が行われるのである。

クリント・イーストウッド演じるマカロニウエスタンを見るまでもなく、混沌《こんとん》とした世界ではならず者は現金よりゴールドを狙う。ゴールドは人類史上数千年にわたって唯一の価値の尺度であり、価値そのものであった。それは歴史が証明している。

ゴールドの優れた特性の一つは、簡単に精錬していかなる分量にも分けることができるという点である。ダイヤモンドはこの特性がないし、その他の宝石類にもない。もう一つの特性は、代替物がないということである。石油には代替物がある。天然ガスは有力な代替物である。しかしゴールドはその耐久性、純度、運搬可能性そして分割可能性において、取って代わるものがない。

ゴールドは会社の株式や社債あるいは国債と違い、一切の負債が付いていない投資対象でもある。またゴールドの価値は、会社の株式や社債のように経営者の能力に左右されることもない。株や社債は、経営に失敗すれば一気に値を下げて紙くず同然になる。暴落したときには完全にゼロになる。しかしゴールドにそういう恐れは全くない。いくら暴落してもゴールドとしての価値は残る。

ゴールドには、年間四〇〇〇トンの需要がある。産業需要と宝飾品需要、そして投資対象としての投資家の買い付け需要である。需要の七五%は宝飾品需要で、うちインドの宝飾品需要が世界全体の四分の一に及ぶ。

一方、ゴールドの供給は年間約二五〇〇トンしかない。とすると、この差額一五〇〇トンはどうやって満たされているのか。それは各国中央銀行がゴールドを売りに出すことと、リサイクルである。

人類史上、これまで掘り出されたゴールドの総合計は一五万五五〇〇トンにしかならない。うち全世界の中央政府、中央銀行が所有する量は三万一〇〇〇トンである。アメリカとヨーロッパ諸国で、合わせてその約三分の二を所有している。これに対してロシアとインドは合わせて三・六%、中国は一・三%であるが、中国はその保有量を世界全体の五%にまで引き上げようとしている。これだけで年間一九〇〇トンの需要が中国から出てくることになる。また、ロシアは所有量を二倍にすると表明している。この二国の動きだけで世界のゴールド生産量全てを吸い上げることになってしまう。

各国政府は、ワシントン合意により一年間の間に売れるゴールドの量を五〇〇トンに制約されている。一方でゴールドの生産コストは、人件費その他の物価の上昇により急速に上がっている。二〇〇三年には一オンス当たり二八〇ドルであったものが、二〇〇五年には三八〇ドルになっている（筆者注　そして二〇一一年八月には、二〇〇〇ドルを射程距離に収めた。一説によると四〇〇〇ドルになる日も近いという）。これだけでもゴールドの価格を押し上げる要因になる。しかも環境保護運動の高まりが、さらに金鉱山の開発を難しいものにしている。

世界的なインフレが迫っており、あらゆる通貨の価値が下落することが確実という現状においては、安全対策、対抗策としてゴールド投資が最も確実なものであることは間違いない。

ファイナル・クラッシュでは、誰も儲《もう》ける人間はいず、いかに被害を最小限に食い止めるかということ以外に選択肢はない。

　ゴールド投資はその唯一の手段であり、いわば生命保険、損害保険に当たる。

　ゴールドへの投資が裏目に出る場合もある。

　一九三三年の大恐慌のとき、ときの大統領フランクリン・ルーズベルトは「全てのアメリカ人は持っているゴールドをドル紙幣と交換しなければならない」という緊急銀行法を制定した。同時にゴールドを海外に持ち出すことも禁止し、一〇〇ドル以上の価値があるゴールドは全て没収された。隠した場合には一〇年以上の懲役が科され、没収されなかったのは古銭と金美術品だけであった。

「アメリカ人は金貨や延べ棒を持ってはならない」というこの法律は、なんと一九七四年まで続いていた。同様の法制は旧ソ連の共産主義諸国に見られたにすぎない。一九七四年以降になっても、この大恐慌のときの経験がアメリカ富裕層の脳裏に焼き付いており、裕福なアメリカ人は国内にゴールドを置かなくなった。海外に持ち出してしまったのである。

　ゴールドを所有する、あるいは投資対象にすることについては、その方法を慎重に考えなくてはならない。ゴールドにはさまざまな所有形態があるので、それを分散させることが必要である。実物としてのゴールド投資以外の選択肢は、金鉱山の株を買うか、それらを投資対象にしている投資ファンドに出資することである。世界大恐慌の最中、株式も不動産も暴落したが、金鉱山会社の株だけはむしろ上がっている。

世界の全ての上場株式の価値は三七兆ドルだが、その中でゴールドに関連するものはわずか〇・五％の二〇〇〇億ドルだ。ところが恐慌が訪れると、この割合が跳ね上がる。一九三四年の世界大恐慌のときには、二〇％にも跳ね上がっている。これは他の株式が大暴落した中で、ゴールドに関連した株式の価値はそれほど下がらなかったために起きた現象である。

だが、気をつけるべきこともある。確かに株式全体が一％上がるとき、金鉱山の会社の関連株は一・七％の割合で上がっているが、これだけで惑わされてはいけない。鉱山会社の株はゴールド、銀、プラチナそのものと違い、会社そのものが倒産する可能性がある。金鉱脈の開発のために巨額の投資をしなければならないなどの理由で、会社が大きな負債を負う場合もある。もし金鉱山の開発や精錬のコストが高騰した場合、金鉱山を持つ会社といえども、その株の値段が下がる可能性がある。

もう一つ注意すべきは、ゴールドに関する企業集団が寡占化してきていることである。世界一〇大金鉱山業者が三七％のゴールドの生産をコントロールしている。同様に世界一〇大銅鉱山業者が五四％をコントロールし、世界一〇大プラチナ鉱山業者が九八％をコントロールしている。

ゴールドの他に考えられる投資対象としては、銀とプラチナ以外に、貴金属に関するデリバティブ（金融派生商品）がある。これはゴールドや貴金属を一定の期間、一定の保証を付けて各種の投資商品に仕立てたものである。これらはＥＴＦ（上場投資信託）と言われている。ゴールドだけを対象とするＥＴＦは、それが世界で初めて発表されてからわずか一八カ月で九〇億ドルの買い付けが行われたほどの人気商品である。また、最近バークレイズ・グローバル・インベスターズが始めた、銀をデリバティブの対象商品とするETFや、ロンドン証券取引所に上場されている金塊証券なども大変な人気商品となっている。

いずれにしても、世界の基軸通貨であるドルがその価値を急速に失ってきている以上、ゴールドやその関連の金融商品を投資対象に加えておく意味は大きい。

ニクソン・ショックから始まるドル価値の急降下

著者ヒューゴは、「アメリカの通貨供給量（マネーサプライ）が異常に増えている」ことを、繰り返し指摘している（それが本書の最大のテーマである。なぜなら、歴史の常として多量にあるものは値を下げるからである）。

通貨の供給量は、政府の財政政策と中央銀行の金融政策によって決まる。政府が国債を大量発行し、中央銀行がそれを買い入れたり、あるいは国債を担保に民間金融機関に資金を融資したりすれば、それだけ通貨の供給量は増える。国債発行残高が大きくなれば、それだけ市中に供給された通貨は増えることになる。

また、中央銀行が金融緩和を行い、金利を低めに誘導すると、それだけ民間における資金の貸し出しが盛んになり、それによって通貨の供給も増える。これは金融に特有の「信用の創造」と呼ばれる機能によるもので、お金が貸し出されると市中を流通する通貨はその分だけ実質的に増えるのだ。

通貨の供給量は、経済の規模に対して適正量であることが大切だ。適正範囲内にあればうまく経済が回るわけだが、大量にばらまかれるとインフレが起こり、通貨供給を拡大することによって下げようとした金利も、結果的に上がってしまう。

歴史的に見れば、ドルの価値の低下は、一九七一年のニクソン・ショックから始まった。ニクソン大統領が、ドルとゴールドの定率交換の停止を宣言し、金本位制から離脱したのである。大きな目的はベトナム戦争の戦費調達だった。

金本位制をとる限り、保有しているゴールドの準備高に通貨発行量が縛られる。そこで、手持ちのゴールドとは関係なく、米ドル紙幣を大量に刷ることができるように、ドルの金本位制をやめてしまったのだ。そして金本位制の鎖が外されるや否や、アメリカ政府はドル札を刷りまくった。それ以降アメリカでは、マネーサプライが急激に増加していった。

アメリカで通貨供給量を示す指標であるM2、M3が急激に右上がりになったのは、ベトナム戦争以降のことだと、著者は数字をあげて説明している。この増加は一九六〇年代後半から加速し、一九七一年に歯止めを失ってからは、市中には消化しきれないほどのドル紙幣があふれた。金本位制の間は、米ドルはそのままゴールドと同じ価値があったが、ニクソン・ショック以降は急速にその価値を下落させていく。

以後、アメリカではグリーンスパンからバーナンキまで、ずっと金融緩和をやってきた。著者によれば、この数十年にわたるアメリカの金融緩和政策（グリーン・バックと言われるドル札の輪転機を回し続けたこと）こそが世界経済最大の末期がん病巣なのである。この問題こそ原著のメーンテーマと言っていい。

世界経済の生命線「チャイニーズ・ランドリー」

人類の歴史を見ると、隆盛を誇った帝国の没落には共通する要因がある。

戦争で領土を拡大し、広大な領土や支配地を獲得するまではいいのだが、そのことで傲岸《ごうがん》になり、初期の禁欲的な国民性をなくした民がぜいたくにおぼれると、占領地との経済力の逆転が起きてくる。本国の占領地に対する負債が増加するにつれ、それを補うために通貨が増発される。本国の国力の低下が通貨価値の低下をもたらし、それによるインフレによって国が疲弊し、ついには滅び去るのだ。ローマ帝国でも、あるいはバビロニア帝国でも大英帝国でも、この経済のサイクルは避けられなかったのである。

そして今、アメリカがその過程の最終段階にあると、著者は指摘する。

通貨価値の下落を端的に示す現象は、原材料価格、食糧価格の高騰である。アメリカで石油と食糧の値段が上がり、それをきっかけにインフレが起きれば、FRBはインフレを抑えるために金利を上げざるを得ない。仮にFRBが金利を上げなくても、市中金利はインフレ率に連動して必然的に上昇する。というのも、金融機関は貸出金利をインフレ率以上に保たなければ、貸せば貸すほど資産が目減りし、経営が成り立たないのだ。

インフレ率が制御不能なほど高くなり、金利がそれ以上に跳ね上がってきたなら、ドルの破局は近い。ただし現実には今のところアメリカの金利はそれほど上がってはおらず、ハイパーインフレにもなっていない。著者はその理由をアジアがアメリカ国債を吸い上げているからとし、次のように書いている。

「マネーサプライが大変な過大になっているにもかかわらず、その局面で金利がそれほど上がらなかったとしたら、その唯一の理由は、アメリカ政府が発行する国債大量発行によるドルの出血を、日本と中国が吸収してきたからである」

二〇年前まで、アメリカに工業製品を輸出し、同時にアメリカ国債に投資することでアメリカにドルを還流させていたのは日本と西ドイツであった。一九六〇年代にはドイツもまた大量にアメリカの国債を買い付けていたのである。だがその後、両国はアメリカの国債を吸収する力をなくしていった。代わってその役を引き受けたのが中国だ。

二〇〇〇年代初め、アフガン戦争、イラク戦争を通じて刷られすぎたドルは、アメリカ国内に資産バブルを発生させた。アメリカ人は値上がりした住宅を追加担保に増加住宅ローンを借り、その金で今よりもっと大きな家を買いに走った。

家を買えば家財道具がいる、電化製品がいるとなり、アメリカ人は安価な輸入品を買い求めた。それを提供したのが中国であった。そして中国は輸出により稼いだドルでアメリカ国債を買い支えた。アジアの国々、中でも中国が国債を買ってくれることで、アメリカにドルが還流してくるのだ。

このアメリカとアジアの間の相互のサポートがなければ、アメリカは死ぬ、と著者は述べている。このドル還流のおかげでアメリカ国民は、自らの稼ぎ以上に借金を重ねて消費しており、そのアメリカの消費が今の世界経済の生命線となっている。

これが「チャイニーズ・ランドリー」のメカニズムである。

中国がアメリカを食い尽くす

チャイニーズ・ランドリーが生まれた要因としては、人民元の為替レートが実力より低く維持されてきたことが大きい。中国とアメリカ政府との暗黙の協定により、ドルと人民元との交換レートは中国政府が決めている。これが著者の言う「北京ペッグ」である。北京ペッグは中国の国内産業の育成という目的には資する。自国通貨の価値を実力以上に低く固定しておくことで、中国は安い工業製品を大量に世界に供給し、自国の工業化を進め、貿易黒字をため込んだ。

しかし、それはタダではなかった。人民元がドルにペッグする、すなわち、固定相場制であることの見返りとして、中国政府は大量のアメリカ国債を購入することを義務付けられているのだ。アメリカ国債は毎年大量の償還を迎えているが、その償還資金を結局は次の国債発行で賄わねばいけない。

その買い手が中国なのである。

日本もまた、政府による円安誘導を認めてもらう代わりに、アメリカ政府からの要請に基づき、外貨準備の大半をアメリカ国債の買い付けに振り向けざるを得なかった。

アメリカ政府はずる賢い。中国や日本にできるだけ高くアメリカ国債を買わせようと、アメリカ国債の値段を操作している。つまり利回りを低くしているのである。国債の利回りが低い結果としてアメリカ国内の金利も低く抑えられ、アメリカ国民は安い金利を追い風に、借金を重ねて消費を拡大していった。かくしてアメリカと中国はともに相手を利用し、そのどちらも経済的な繁栄を謳歌《おうか》してきたのである（こういう分析と言い方は、原著者がイギリス人だからできるのだ）。

だが、東日本大震災でまざまざと見せつけられたように、原子炉が発電を続けるためには水を循環させて炉の温度を冷やす必要がある。この循環用のポンプシステムが止まってしまったら、原子炉は過熱してメルトダウン（溶融）を起こす。それと同じで、アメリカ経済という世界経済のエンジンが回り続けるためには、大量にばらまかれたドル紙幣が還流して、アメリカに再び回ってこなければいけない。もしこの還流システムが止まったら、世界経済のメルトダウン・ファイナル・クラッシュが始まる。それは原子炉と全く同じことなのだ。

大量に供給してきたドルをアメリカに循環させるシステムを担ってきたのは、一九八〇年代までは製造業で強い競争力を誇った日本であった。しかし新興国の台頭に加え、少子高齢化の進行、財政の極度の悪化、それに加え今回の大震災で、とてもポンプの役目など果たせなくなっている。

今、日本に代わってドルを回しているのが中国である。日本の後を引き継いだ中国に何かあったら、アメリカはメルトダウンしてしまう。アメリカ経済が破綻すれば、混乱は世界中に飛び火して、世界経済が丸ごとメルトダウンする。ファイナル・クラッシュが起こるのだ。

その意味では中国とアメリカは、どちらもチャイニーズ・ランドリーから「一抜け」できない。著者も指摘するように、「同じ壷の中に手を突っ込んで、どちらも抜けなくなってしまった者同士」なのである。

著者はしかし、このチャイニーズ・ランドリーのメカニズムは長期的には維持可能でないと考えている。それどころか「映画『エイリアン』を思い起こさせる」とまで書いている。映画では宇宙船に入り込んだエイリアンが、乗組員たちの顔を万力のような強さでつかみ、窒息させてしまう。それと同じことがアジアとアメリカの関係で起きつつある、と著者は指摘する。アメリカがドルを増刷し、それを中国というエイリアンがどんどん食べて成長し、アメリカという乗組員の生死を握る。最終的に乗組員の残虐な死は避けられない、と予想する。乗組員が死ねば宇宙船、つまり世界経済は操縦不能に陥ってしまう。ドル暴落の先には、世界経済の死が待っているのだ。

もし中国がドルの価値に不信を抱き、その資産運用方針をアメリカ国債からコモディティー（石油、鉱物資源、貴金属、穀物）など他に多様化するようになれば、アメリカの生命を支えている循環構造は一気に崩れてしまう（二〇一一年八月のアメリカ国債格下げで中国がアメリカ政府に「身の丈に合った生活をせよ」と文句をつけたことは、この多様化を中国が始めたことを意味する）。その意味では、ドルの破局の近さを表すもう一つの指標は、中国のアメリカ国債購入量の減少である、ということができるだろう。

私たちにできるのは、やがて訪れるそのとき、西洋に対する中国の扱いがより慈悲深いものになることを願うことだけだ――そんなことまで著者は言う。

原著の描写がまさに今起こっている

この本が書かれた二〇〇六年から今まで、我々はもうすでに五年間の経済の歴史を、この本のページをそのまままめくるように見てきている。一つは原著の発売と前後して、二〇〇七年夏に発生したアメリカのサブプライムローン問題（リーマン・ショック）であり、もう一つは二〇一〇年初めにギリシャ国債（ソブリン債）の引き下げから始まった欧州連合（ＥＵ）のソブリン危機である（そして、この本の予想通りに二〇一一年八月にはアメリカ国債の格下げと株式市場の混乱が始まった）。前者は民間経済における負債危機であり、後者は政府における負債危機である。短期間にいろいろなことが起こりすぎていると思わないか？
原著〝*THE FINAL CRASH*〟では第一部でアメリカ、イギリスなどアングロサクソン経済圏における不動産価格上昇がバブルであることを的確に指摘し、その崩壊は近いと予言している。そして予言通りリーマン・ショックが起こった。本が書かれたときはソブリン危機はまだ起こっていなかったが、しかし政府部門の債務の膨張についても大きな問題と捉えていた。そして予言通りユーロゾーンのクライシスが起こった。

ヨーロッパの経済危機はまず二〇〇七年にアイルランドに起き、それが二〇〇八年九月、リーマン・ショックとほぼ同時にアイスランドでも発生した。二〇一〇年初めにはギリシャの財政問題から国債危機が起きて、それが二〇一一年にはポルトガルやイタリアにまで広がりつつある。政府の負債の増加が経済を混乱に陥れるという展開は、原著で解説しているクラッシュの説明そのままである。我々は現実にファイナル・クラッシュのミニ版を、目の前で見てきているのである。一国の生産力のGDP（国内総生産）とほぼ同額にまでその国の借金を膨らましたアメリカもイタリアも非常に危険な状況にある。

さらに"*THE FINAL CRASH*"第二部では、「米ドルが価値を下げていくのと時を同じくして、石油や穀物のコモディティティープライス（商品相場）が急上昇していくだろう」と予言している。コモディティープライスの急上昇は、著者が力を入れている予想の一つである。現実に二〇一一年は世界最大のトウモロコシ生産国アメリカの気候不順もあり穀物価格は急騰している。穀物価格が上がれば穀物を食料とする牛、豚、鳥の価格も上昇する。

石油価格がやがて高騰するという見通しに関して、著者は大きなページ数を割いて理由を説明しており、これはその後ピッタリ当たっている。現実には出版直後の二〇〇七年から高騰の第一陣が起き、石油価格は跳ね上がった。そして二〇〇七年から二〇〇八年にかけて、史上最高値を次々と塗り替えていった。

このときの高騰はリーマン・ショックによりいったんは沈静したかに見えたが、二〇一〇年には反転し、二〇一一年になると、エジプトのムバラク大統領の退任、産油国リビアの反乱など、中東における政治的な混乱もあって再び上がってきている。予言通りの上昇が繰り返されたわけである。この本が出版されてすぐに読んだ投資家は、さぞ大儲けしたに違いない。

このように原著で描写されている未来のかなりの部分は、まさに今、起こっていることなのだ。なぜ、かくも予言が的中するのか。それは彼が評論家でもなく学者でもないからだ（彼らは無責任）。まして、証券会社や銀行のエコノミストでもないからだ（彼らは立場寄りの発言しかできない）。世界でも何本かの指に入る大金持ちの資産運用の責任者だからだ。

人口の急増が食糧価格を上げる

コモディティー関連では、食糧問題についても言及している。

今後は食糧についても世界的に不足し、価格が跳ね上がる可能性が高いと書いている。その背景にあるのは、世界人口の増加と新興国の経済成長である。一八〇〇年から一九二二年までの一二〇年間で、世界の人口は一〇億から二〇億に増えた。二倍になったわけだが、人数としては一〇億人増えただけだ。一九八八年から二〇〇〇年までの一二年間でも、世界の人口は五〇億人が六〇億人と、やはり一〇億人増えている。一八〇〇年からの一二〇年間で起きたことが、今はその一〇分の一、一二年で起こっている。過去五〇年間を見ても、一六億人が六〇億人になっている。二〇五〇年には九〇億人になると予測されている。

これは経済学的に何を意味するのか、と著者は問う。

答えは「ローマテリアルへのデマンドが急速に上がっていく」である。ローマテリアルとは食料品や原材料を指す。

農業生産の効率は、ここ五〇年ぐらいでかなり上がってきており、それが過去五〇年間の爆発的な人口増加を支えたわけだが、イギリスの経済学者トマス・ロバート・マルサスが人口論で指摘したように、人口は等比級数的に増え、食糧は等差級数的にしか増えない。人口が今後もこれまでのような勢いで増え続けるとすれば、食糧の増産はとてもそれに追いつくことはできない。

大きな問題は、世界最大の人口大国である中国の人口がどこまで増えるのか、である。中国政府は人口を抑制するために一人っ子政策を実施してきた。夫婦が二人目の子供をつくると処罰されるという決まりにはなっている。けれども実際には都市部の富裕層中心にあちこちに抜け穴があって、今も人口は増え続けている。

人口が増えるから食物の値段も上がるわけである。たとえば今、「昨年の一・五倍になった」と問題になっている豚肉の値段は、今後も上がっていくだろう。中国はすでに家畜の飼料のかなりの部分を輸入に頼るようになっており、その飼料価格が穀物価格の高騰を受けて上がり続けているからだ。

世界人口については、神の見えざる手のような作用が人間を減らす方向に働いて、世界でもう一度大きな戦争、第三次世界大戦でも起これば別だが、そうならない限りまず減らないだろう。

食糧生産の不足はすでに国際経済上、非常に大きな問題になっている。今のところ、日本ではそれほど食糧価格が上がっているという感覚はない。日本で食糧価格が比較的安定しているのは、人口の減少と円高という要因があるからだ。

しかし視野を狭くして日本の内部しか見ていないと、世界の問題を見失う。世界は人口が増え、物価は上がっている。日本は人口が減って、物価が下がっている。日本だけが世界の動きに逆行しているのである。

防衛策はゴールドの保有だが……

著者はクラッシュに対する「防衛策」についても書いている。

それは貴金属、とくにゴールドを持つことだ。「すぐにコモディティーとゴールドに資金を移したほうがいい」とアドバイスしている。コモディティーとは小麦やトウモロコシ、大豆といった農産物、そして石油、石炭、鉄、銅、レアメタルなどの資源商品である。

紙幣や国債、各種証券のようなペーパーマネー、クレジットカードのようなプラスチックマネーが全てクラッシュするとき、残るのは現物資産だけなのだ。そこに全ての富が収斂《しゅうれん》すると見ている。

二〇一一年現在、ドルベースのゴールドの価格はすでにかなり跳ね上がっているが、著者の見方をとる限り、まだまだ上がる可能性が高い。というのも通貨としてのドルのクラッシュがこれから本格化していくからだ。

ゴールドは数千年にわたってあらゆるものの価値を測る指標となってきた。基軸通貨の価値が失われ、ものの値を改めて引き直していく場合、その基準となるのはゴールドしかない。代わるものが見当たらないからだ。

現在は銀をはじめ、他のコモディティーもゴールドに引きずられて上がっている。しかしそうした商品の多くは価格の上げ下げの波が激しく、安定性という意味ではゴールドには及ばない。あらゆる富の源泉はやはりゴールドなのだ。おそらくドルベースでのゴールド価格は、この先も際限なく上がっていくのではないか。

歴史的に見れば、マルコ・ポーロが「黄金の国」と伝えたように、江戸時代には世界的な金山があった日本だが、せっかくの国内産のゴールドも、国内の金と銀の交換比率が欧米と大きく異なっていたため、どんどん海外に流出してしまい、明治初期までに東インド会社などに吸い尽くされてしまった。現在の日本政府が保有するゴールドは、アメリカはもちろんヨーロッパの主要国と比べてきわめて少ない。

ゴールドの国際調査機関であるワールド・ゴールド・カウンシル（WGC）によると、二〇一〇年末時点での各国中央銀行のゴールドの保有量は、一位がアメリカで八一〇〇トン、ドイツが二位で三四〇〇トン。三位イタリア、四位フランス、五位中国（一〇五四トン）と続く。日本は八位で八〇〇トン以下であり、中国、スイス、ロシアを下回る。経済規模からすると驚くほどの少なさである。

今回の統計では、インドも一〇位以内に入ってきているが、中国、ロシア、インドは一〇年前にはいずれも上位に入っていなかった。最近になってゴールドを買い付けているのだ。中でも中国の保有量は急速に増加しており、一〇年前の三倍近い。

二〇一一年四月にはメキシコ政府も市場で二〇〇トンを買い付けている。これは金貨を作るためだ。メキシコは金貨を作っている国なのである。世界の金貨の中でもメキシコ金貨は投資対象として注目されている。

中国政府は米ドルの価値低下を受け二〇〇三年の六〇〇トンから急速にゴールド保有を伸ばし、二〇一〇年には一〇〇〇トンを超えた。そのうえIMFにIMF保有のゴールドの全量(三二一七トン)を売れと迫っている。中国政府は世界中のゴールドを全部買い占めるだけの外貨準備を持っているから、中国のゴールド・シフトは近い将来アメリカに近づき世界第二位になるだろう。

著者によれば、ファイナル・クラッシュが起きたときには、全世界が大打撃を受けることになり、その中でも誰の打撃が最も少ないかという、一種のサバイバルゲームになると予想している。最も軽いダメージで危機をやり過ごせるのは、一つは資源と食糧をどちらも自給できる国であり、もう一つは貴金属、とくにゴールドを最もたくさん持っている国であり、個人であり、機関であろうと言っている。

国別で今、ゴールドを一番たくさん持っているのはアメリカである。そのアメリカは外貨準備の七〇%がゴールドであるのに対し、日本はわずか三%しかない。ファイナル・クラッシュでは、だから日本は最も打撃を食らう。ゴールドについては、じつはこうした統計はあまり当てにならないとも言われているが、それにしても少ない。日本政府のゴールドの所有についての問題は、人口と経済規模に比して単に量が少ないというだけではない。持っているゴールドでさえ、実際にはほとんど日本国外にあるということだ。具体的にはアメリカのFRBに置いてあり、日本銀行がそこに置かれた預かり証上のゴールドの権利だけを持っている。

じつはこれは日本だけではない。金塊そのものを自分の手元に置いているのは、世界の国でもごくわずかだ。ほとんどの国はアメリカに預けている。世界各国の中央銀行のゴールドもみな、アメリカに預けられている。

ゴールド自体の売買は事実上、シカゴとニューヨークでしかできない。「金塊を運んでくれ」と頼んでもノーと言われてしまうので、結局、預託証券だけを持っているのだ。一九四四年に制定したブレトンウッズ協定の流れでそういうしくみになっているわけだが、自分の手元に置いていないものは、自分のものではない、と言える。

日本の外貨準備高は大部分がドルなのだが、じつは日本が持っているはずのゴールドもアメリカ国内に置いてあるわけで、実際にはドルで持っているに等しい。これではファイナル・クラッシュの際には、どうなってしまうかわからない。

世界で一番たくさんのゴールドを持っているアメリカ政府にしても、持っているゴールドの値段の何百倍という量のドル紙幣を出してしまったものだから、もはやどうしようもない。

Depression and Drudgery

第3章

迫り来るメルトダウン

“THE FINAL CRASH”第三部　解毒とリハビリ——鬱病と苦役

「ほとんどの人は皆が株を買うときに自分も買う。しかし誰も買わないときこそ買い時である。人気のあるものを買って儲《もう》けられたためしはない」

——ウォーレン・バフェット（アメリカの投資家、経営者）

クラッシュはいつ、どのように訪れるのか

一九八二年以降のアメリカ市場における企業の利益の伸び率は、ＧＤＰ（国内総生産）の伸び率と比べて二倍で推移している。ＧＤＰの伸び率は、アメリカでは大半が消費で左右される。企業の収益も、大半は一般大衆の消費によって左右される。

では、ＧＤＰの伸び率よりも企業の収益率が伸びたということは、何を意味するのだろうか。アメリカ企業の収益率とは、売り上げからコスト、すなわち賃金を除いたものである。ＧＤＰとは個々の企業や人々の創出した付加価値の合計であるから、結局、付加価値よりもその一部である利益が早く伸びたことを意味する。これはすなわち、消費者が自分たちの賃金が増える率（賃金上昇率）以上に消費を増やしたということである。その結果として企業の収益率が上がったのである。

一般大衆が賃金の伸び率よりも早いスピードで消費をしたという、この不可思議な現象をどう説明すればいいのか。自分たちが受け取っている賃金の二倍もの消費がどうして可能なのか。

これを唯一説明できるのが、家計の貯蓄の減少である。一九八二年以降のアメリカでは、貯蓄が減って消費が増えた。貯蓄率はどんどん落ちていった。つまり人々が貯蓄をやめ、それまでためたお金を取り崩し、それどころか借金してまで、消費を増やしていったのだ。そう考えなければこの現象を説明できない。

家計の貯蓄の取り崩しは、過去のアメリカでは大恐慌のときにしか見られなかった現象である。大恐慌では人々が職と収入を失い、やむなく貯金を取り崩してしのいだのだ。

ではなぜ、それほど不況でもなかった一九八二年以降に貯蓄率が下がったのか。それは金利が下がり、物価が上がった結果である。人々が「いくら貯金しても利子もつかない上に、インフレ(物価上昇)で価値が目減りするばかりじゃないか。貯金なんてばかばかしい」と考えるようになり、稼ぎを全部消費に回すようになったのだ(筆者注　しかも、アメリカの銀行は五〇〇〇ドル以上の預金残高が常にないと逆金利をつけてくるので、預金する意味は全くない)。

さらに金利が下がったことでローンやクレジット(筆者注　アメリカの銀行は、口座を開くと頼みもしないのにどんどんとビザやマスターのクレジットカードを送りつけてリボルビング〈定額返済〉付きのカードを使わせようとする)などの負債が増え、本来の稼ぎの二倍、三倍の額を消費者が使うようになった。それによって消費が伸び、ＧＤＰも成長した。つまりアメリカの過去二五年間の経済成長は、借り入れた金で「演出された経済成長」だったのである。

さまざまな指標を見る限り、アメリカの企業も長期にわたって収益を上げてきたように見える。しかしそれは消費者が貯蓄を放棄し、借り入れを増やし、身の丈以上に消費を拡大した結果である。経済は一見すると成長したようだが、じつはそれは健全な（サステイナブルな）成長ではなく、「演出された成長」にすぎない。

過剰な消費で生まれたのがアメリカ企業の収益の増大だとするなら、果たしてそれがいつまで続くかは疑わしい。株式市場もまた、こういった企業の収益の高さで活況を呈しているが、そうなると維持可能性はきわめて低いと言える。

借りた金は、いずれ返すべきときが来る。そのとき、繁栄を謳歌《おうか》していたアメリカ人は、自分たちが自由に使えると思っていたお金が突然消えてなくなり、それどころか過去に使った分まで働いて返さなくてはならないことに気がつく。永続する繁栄と皆が思っていたものは、やがてアメリカ全土を覆いつくす貧困の原因だったのだ。そのことに人々は気づいていない。我々の世代がベンツに乗っているからといって、我々の息子たちが同じくベンツに乗れるとは限らないのである。

ファイナル・クラッシュとは、このような「借金による消費によって演出された不自然な成長」の仮面がはがれ、それが本来の姿に巻き戻される過程である。それがいつ、どのような形で起こるかは正確には予測できない（筆者注　しかし、リーマン・ショック、ユーロゾーン危機、史上初めてのアメリカ国債格下げと立て続けに悪兆候が続いている)。

最初に足を踏み外すのは、全世界で一七兆ドルものデリバティブ(金融派生商品)市場かもしれないし、住宅市場であるかもしれず、株式市場かもしれない。アメリカ国債かもしれず、あるいはドルそのものかもしれない(筆者注　日本国債もいよいよ怪しい)。しかし、同じザイルで結ばれて危険な斜面に取り付いている登山家たちのように、どこかで誰かが足を踏み外せば、いずれ残り全員も崖の底へ引きずり下ろされることになるだろう。

今はその展開やタイミングを考えているときではない。大切なのはそのときに備えてリスクを低減するための準備をすぐに行うことである。銀行家やファンドマネジャーは手数料を稼ぐために、「そろそろ危ないかもしれない」と思いながらもそれを口にはせず、目の前の仕事を続けざるを得ない。だが投資には「何もしないのが一番」というときもある。

クラッシュがあとどれぐらいで起こるのかは、株式市場を見ていれば大体予想がつく。株式市場は近未来の経済を予想させるものである。二〇世紀についてみれば、ダウ・ジョーンズ工業株指数には四つの明らかな段階が存在した。その中には、上げか下げかはっきりしない数十年が含まれているが、そうした期間の後には大きな上げ相場が見られている。

一九二二年から四二年までのアメリカの株式市場を見てみると、ダウ工業株指数は一九二二年に一〇〇で始まり、四二年に一〇〇で終わっている。ところが一九四二年から六六年までを見てみると、一九四二年に一〇〇で始まったものが六六年には一〇〇〇になっている。二二年間で一

○倍に上がっているのである。
一九六六年から八二年までの一六年間を見てみると、今度は六〇〇から一〇〇〇の間で推移している。ところが一九八二年から九九年までに目を転じると、またそれが一〇倍に跳ね上がり、一九九九年に一〇〇〇〇を突破し一二〇〇〇まで高騰している。歴史は繰り返すとするなら、これからは再び株価低迷の時代が始まることになる。

別の視点から見てみよう。

一九三四年から二〇〇〇年まで、アメリカでは一七回の株式の上げ相場があった。それぞれの上げ相場では、平均すると七三％の株式の値上がりが見られた。平均すると上げ相場は三二カ月続いている。

一番最近の局面では、二〇〇二年の一〇月から二〇〇六年四月にかけて、強気相場が四二カ月にわたって続いた。この期間の上昇率は七〇％に達した。したがって一般的なリターンに相当するサイクルだったわけだが、強気相場の継続期間という意味ではやや長かったと言える。

この相場に最初のひび割れが見られたのは、二〇〇六年五月のことである。経済を長いサイクルで見ている投資家たち（筆者注　残念ながら日本人は含まれない）は、二〇〇六年の五月の初めにはもう全ての株式を積極的に売却し、手仕舞いしている。

株式市場のピークから次のピークまでは、通常およそ四年かかる。一九三四年以来、株式市場にはこの四年周期のサイクルが一八回見られた。うちおよそ一三回では、サイクル通りに大きな売りの時期がやってきている。

　ある学説によると、太陽が発する磁気嵐がこのサイクルをもたらしているという。すなわち太陽の磁気嵐と株式市場の不振の時期がしばしば一致しているということだ。それが正しければ次のピークは二〇〇〇年代の終わりに来ることになる。ただし、過去に当てはまった法則が、必ずしも将来にも通じるわけではない。ウォールストリートの格言では、「誰かが『私はついにマーケットの鍵を手に入れた』と思った途端、マーケットは錠前を交換してしまう」と言う。いずれにしても、最も近い強気相場は二〇〇六年の前半にはもはや終わったように思われる（筆者注　それでも値上がりを期待して買いを入れている日本人は、自分の曾孫《そうそん》の代まで塩漬けする忍耐と、クラスメートが全員亡くなっても生き続ける長寿が必要だろう）。

　クラッシュの注目すべき前兆として、それがしばしば市場が不安定で不確実な期間（ボラティリティーが高まったとき）の後に起きるということがあげられる。株式市場のクラッシュでは（筆者注　リーマン・ショック、ユーロゾーン危機、アメリカ国債格下げと不安定要因が増している）、悪いニュースが何度も繰り返し流れ、それがある一定の限度を超えて、「もはやこらえ切れない」と全員が思い始めたときに一斉に起こるのである。それは世界恐慌の始まった一九二九年にも起こった。マーケットの歴史を振り返ると、クラッシュの前には悪いニュースがマーケットを不安定にさせ、株価が神経質な動きの上げ下げを繰り返していることがわかる（筆者注　アメリカ国債の格下げの後、この乱高下ダッチロールが見られる）。

二〇〇六年の今、面白いことが起こっている。アメリカの投資家たちの資金が歴史上初めて、国内のファンドよりも海外のファンドにより多く流れたのである。

二〇〇六年二月、アメリカの投資家たちは一〇七〇億ドルを海外に投資した。その前の一月の二三五億ドルの海外投資と比べると、四倍以上に跳ね上がっている。一斉に新興国市場に投資したことによる。ホット・マネーがホット・マーケットに流れ込んでいったのだ。

二〇〇〇年の秋に起こったIT（情報技術）バブルの崩壊の際には、多額の投資資金が投資先を求めて、株式から不動産に移動していった。それらの資金はアメリカ国内に投資先がなくなれば、今度は海外へと流れていく。二〇〇六年五月から七月にかけて二〇〇億ドルもの資金がアメリカの国内市場、つまりアメリカの株式市場から引き出され、海外へと流れている。ホット・マネーは、より利益率のいい投資先を求めて海外に逃げ出し始めたのだ。

これは、競馬のレース中に馬がコースから外れて別の方向に走り出しているようなものである。アメリカの消費の中心をなしていた住宅市場が動揺し、アメリカ国内の投資家のアメリカ国債買い付け意欲が低下し、資金が株式市場から国外に逃げ出し始めている。この三つの要因を見る限り、株式市場は停滞と低迷が間近であり、それは経済全体のクラッシュの前ぶれとなるだろう。「消費者の負債によって支えられた虚構の経済」が終わるとき、株式市場はどのような状況を迎えるのだろうか。

市場が崩壊しかけていると感じたとき、多くの欧米のプロの投資家たちは、株式を全てキャッシュに換える（筆者注　あるいは貪欲な投資家はショート・セリング〈空売り〉を始める）。投資家たちはリスクのある資産、つまり株式を捨て値で売り払い、いかなるコストを払ってもより安全な資産へと乗り換えようとする。これが「質への逃避」と呼ばれる現象である（筆者注　当局は、一方、ショート・セリングを禁止する。こういう動きが見られると危険な兆候である）。

ここで第一の問題は、ヘッジファンドの存在である。ヘッジファンドはデリバティブを通じて株式に投資しており、それもコンピューターの指令に基づいて売り買いを行っている。このため下げ相場になったときにはマネジャーの意向にかかわらず、強制的に空売り（ショート・セリング）の指示を出す。

もし本書が予想するようなクラッシュが起きたとなると、これらのファンドのコンピューターは一斉に「売り」の指示を出し、誰もそれに抗することはできなくなる。その動きは一夜にして起こる。つまり翌日の取引開始と同時にあらゆるヘッジファンドのコンピューターが機械的に売りを始めるのだ。レバレッジで膨張しきったデリバティブの売りだから、その風圧たるや空前絶後の暴風雨となる（筆者注　当局は、それを恐れてショートを禁止する。しかし、こんな規則は大津波を押さえ込もうとするのと同じで徒労に終わる）。

第二の問題は、多くの投資家たちが株式投資をする際に借り入れをしており、借り入れのために株式を担保に入れていることである。株式の担保の掛け値は一般に六〇％である。もしそれ以上に株式の価格が下がってくると、株を担保にとった銀行はパニックに陥る。その銀行にとっては貸付金が不良債権化してしまうのだ。

そこで銀行は自分たちのポジションを守るために、価値が下がってきた担保株をいっせいに売却して貸し付けていた資金を回収しようとする。あるいは担保不足となった額に相当する担保を新たに差し入れることを要求する。こうなってくると市場参加者は銀行に金を返すために、下がってもいない株式まで売り払わなければならなくなり、市場ではもはや株式を買うという行動は全く見られなくなり、あらゆる株が売られる一方となってしまう。

過去二〇〇年を振り返ってみると、クラッシュが起こった後は必ずリバウンドが起こっている。しかし、今回はそのリバウンドが訪れないと私は予想する。だからこそ本書のタイトルを〝*THE FINAL CRASH*〟としたのである。

ファイナル・クラッシュとはつまり、リバウンドのないクラッシュという意味である。

私がそう考える理由は、そこに至るまでの経済成長が過去に比べて長すぎたためである。好景気が長く続きすぎたのだ。それは「借り入れにより支えられた不自然な景気の拡大」であった。

さまざまな公的・私的なセクターが、破局に向かう事態を変えようとして、持続性を伴わない干渉や操作を試みるだろう。だが結局はそうした干渉は事態を悪化させるだけであり、運命を受け入れなければならないということを、遅まきながら悟ることになるだろう。

ひとたび崩壊する市場がその役目を執り行うとき、その影響は市場の外の世界へも広がっていく。ファイナル・クラッシュが広がっていく過程では、株式市場の下落は必ず住宅市場と雇用の悪化と同時並行するだろう。

二〇〇三年以降、アメリカ、イギリスにおいては金利が抑えられ、雇用は堅調、そして株式市場と住宅市場は上昇傾向を示していた。しかしそれらは、真の価値より過大に評価された上でそれを担保として発行されたローン、すなわち借金によってもたらされていたものにすぎない。

住宅市場が崩れると、ローンの担保にとっていた不動産の下落が始まる。そうなると銀行は株式の場合と同様に、慌てて貸し付けた資金の回収に走る。借り手は支払えなくなって家を手放す。こうした抵当流れの物件が多数売り出されることにより、住宅市場はさらに崩れ、膨らんでしまった負債は回収不能となり、銀行は貸し出しを停止し、市場に資金が流れなくなってしまう。

経済全体が危機的状況に陥ったと見ると、企業や中小企業者に対する銀行の貸し渋りが起こる。貸出金利も必然的に上昇する。ハイリスクと高金利が同時に発生すると、一般消費者も企業も現金志向を強める。市場は一度に数年間も続けて下落する場合があり、投資に対する恐れから、預金金利がひどく下がってもなお高い貯蓄率が保たれる。これは日本で見られた現象である。

人々が一斉に消費を手控えるようになることで、ウォールストリートで始まったクラッシュが不況という形でメーンストリート、つまり一般大衆に及んでくる。借り入れによって膨らんでいた維持不能な経済は、こうしてクラッシュを迎えるのだ。

景気がひどく後退してくると、各国は経済が窒息しないために金利を引き下げ、輸出を刺激する必要に迫られるために通貨を意図的に引き下げようとする（筆者注　二〇一一年の日本円以外の通貨の下落はまさに、そうしてもたらされた）。また、経済を刺激するために財政支出を拡大し、その資金を手当てするために国債を発行し、ますます負債を膨らましてしまう。

国家にとっても個人にとっても、負債とは麻薬のようなものである。借り入れは財政や家計の当面の苦しさを和らげてくれる。しかし、借り入れを続けないと、その効果も途絶える。しかし借り入れは永遠には続けられない。いずれかのときに禁断症状が訪れる。すなわち、もうこれ以上負債を増やせないというときが必ず来る。

各国の政府にとっても、財政支出と国債発行を続ければ、いずれかの時点で、株価の反動と連動して、国債発行金利が上がり始める。民間企業のレベルでは今まで多くの事例が示す通り、負債を増やした民間企業は金利の支払いができなくなってつぶれてしまう。

国家も同様である。国債の利払いが不可能となった国家は、利払いの停止を宣言する。これがデフォルト（債務不履行）であり、国家の財政的破綻である。これまでデフォルトを起こした国家はアルゼンチン、ロシアなどごく少数であり、いずれも世界市場の中ではマイナーな存在であった。そうした国家が破綻した場合にも市場では質への逃避が始まったが、まず選ばれたのは、通貨では米ドル、証券ではアメリカ国債であった。

ところがもし、米ドルとアメリカ国債という二つの選択肢のどちらも問題を抱えているとしたら？　すなわちドルが通貨として弱くなり、アメリカ国債の信認性が低下していたら、あるいはドルやアメリカ国債そのものが破綻の危機に陥ったら（筆者注　本書が脱稿した二〇一一年七月には、アメリカ国債のデフォルトがオバマ政権と議会の決着によりかろうじて回避されたが、二〇一二年にはどうなるかわからない不安が残ったままだ。そして、二〇一一年八月には、ついにこの不安からアメリカ国債が史上初めて格下げになってしまった）、投資家たちはいったいどこに資産を逃したらいいのだろうか。

ドルのクラッシュが迫ったとき、世界の投資マネーはドルからユーロに逃げ込もうとするのだろうか。ところがここにも問題がある。ユーロという船も、全体としては沈みかけているという事実である。

こうなってくると世界の主要通貨の下落というドミノ現象からの脱出方法は、ちょうど巨大客船タイタニック号が氷河と衝突して沈んだとき、乗客が傷ついた船のデッキから救命艇に殺到したように、巨大市場からもっと小さな、比較的保守的な財政運営を行っている負債の少ない通貨に乗るしかない。世界を見渡すと、スイス・フランとシンガポール・ドルという二つの通貨が避難港として浮かび上がってくる。しかしどちらの通貨も、沈み行くドルから全ての乗客を引き受けるには、小さすぎる救命ボートである。気づいて早く乗った人は救われるが、大多数の乗り切らなかった乗客たちは氷の海に放り出されることになる。

そして忘れてはならないのは、どちらの通貨も孤立しては存在できないということだ。米ドルというタイタニック号が沈むときにはおそらく、周囲にまだ残っているスイス・フラン、シンガポール・ドルという救命ボートをも巻き込む大波を巻き起こすであろう。

古代ローマ帝国が崩壊していったとき、ゴールドも銀も含んでいないカスのようになったローマの通貨は全く流通しなくなり、それとともにローマ帝国の各地に建設された都市群は廃墟と化していった。広範囲に流通していた帝国の通貨が流通しなくなったとき、各地域は物々交換をする自給自足生活に戻らざるを得なくなったのである。それにより、人々の生活水準は大きく後退することを余儀なくされた。ファイナル・クラッシュにおいても、世界各地でそれに近い生活水準の後退が見られるだろう。

ファイナル・クラッシュが訪れたとき、特定の個人、宗教あるいは民族をやり玉にあげることがあってはならない。

わざわざそんな話をするのは、過去の歴史においてそのようなことが繰り返されてきたからである。というより大きな災厄が起きたときは、その原因や犯人を捜すことに労力が費やされるのが通例なのだ。金融市場で問題が起きたときも、いつも悪者探しが始まる。一九八七年の「ブラックマンデー」と呼ばれた株価暴落の際には、コンピューターを使ったプログラム取引がやり玉にあげられた。

ファイナル・クラッシュが起きたときにやり玉にあげられるのは、おそらくヘッジファンドだろう。ヘッジファンドこそが借り入れの積み重ねによって大量の資金を運用してきた元凶だからである。

だが私の考えは違う。アメリカ経済の息の根を止めるものは、外からやってきた九・一一やテロリストではなく、内から発生したインフレだ。インフレを引き起こしたのはヘッジファンドではない。

最も責任の重いと思われる人たちをあげるとするなら、それは多額の国債を発行し続けたアメリカ政府であり、金融緩和によってそれを助けた中央銀行であり、そこを占拠している通貨膨張論者たちだろう（筆者注　日本も全くアメリカの生き写しだ）。

二〇〇六年現在、アメリカの中央銀行であるＦＲＢ（連邦準備制度理事会）が開く最高意思決定会合ＦＯＭＣ（連邦公開市場委員会）では、ブッシュ政権時代に任命された七名のＦＲＢ理事が定員のうちの多数を占めており、それがベン・バーナンキの時代にも引き継がれている。その多くが「通貨の供給を膨張させ金融を緩和することで負債を増やせば、消費が上向いて経済の不況入りを阻止することができる」という考えの持ち主なのである。

確かに負債には、それにより経済を一時的に刺激する効果がある。とりわけ九・一一以降のアメリカでは、国や企業が借り入れを増やして支出することで、経済がなんとか回ってきたという面がある。しかし、借金で支えられた経済は、借金がなくなれば落下する。これ以上いくら金をつぎ込んでも反応しなくなるというときがいつか来る。そのとき初めて「アメリカ経済に取りついて殺した悪魔は、じつは守護神であるべきはずの中央銀行であった」ということがわかるだろう。ラテン語の格言の、「門番の見張りは誰だ」というわけだ。

だが、実際にはファイナル・クラッシュにおいては、全員が加害者であり、同時に犠牲者でもある。我々全員が「もっと消費し、もっと物を持てば幸せになれる」と思い込まされた犠牲者であり、同時にそう思い込ませた加害者なのである。

「あまりにも遠くのことまで考えようとするのは間違いだ。一度に扱えるのは、一続きになった運命の鎖だけなのだから」

――ウィンストン・チャーチル（イギリスの元首相）

クラッシュ後の国家間勢力図

世界経済は今や、膨大な量の負債によって国、企業、個人が作り出した過剰なマネーの波に飲み込まれようとしている。そこでは、負債を抱えた弱い国からまず最初に倒れていく（筆者注　現実にユーロゾーンでそれが起こっている。ギリシャがそうだ）。そして混乱が国から国へと伝《でん》播《ぱ》していくだろう（筆者注　それもスペイン、イタリアへとヨーロッパで起こり始めた）。

金融市場の崩壊とドル暴落の影響は、我々の生活のあらゆる局面に影響してくるだろう。それは国内政治と国際政治においても、大きな転換をもたらす。世界政治における勢力図の書き換えが起きてくるだろう。

アメリカの繁栄がどれぐらい続くかは、通貨としてのドルの将来とともに、穀物、鉱物資源、石油といった商品価格がどれほど高騰するかにかかっている。二〇二〇年の世界の人口は七六億人と予想されるが、そのうち約五〇％がアジアの人口になると推測され、ヨーロッパの人口はわずか五％、アメリカの人口は四％となってしまう。

一方、軍事力という観点から見ると、アメリカはそのGDPの四％を軍事費が占めている。二〇〇五年で五〇〇〇億ドルであり、これは他国をはるかにしのぐ金額である。世界の軍事費の三分の二をアメリカが支出しているのだ。この巨額の軍事費を維持するためにドルがばらまかれているのである。中国の軍事費がこれに続くが、アメリカはその五倍から七倍の規模を支出している。

ローマ帝国の盛衰を見ていると、軍事費は財政的な裏付けを要求することがわかる。ジュリアス・シーザーがローマの領域を拡大した際、シーザーは近隣諸国の金鉱山を次々と略奪している。領土を拡大すると同時にその地域の家々から貴金属を全て没収し、そのうえ支配した国の住民に重税を課したのだ。

スペインが南アメリカを侵略したときも全く同じである。スペインは南アメリカの金銀を全て略奪した。ところが皮肉なことに、略奪された金銀がスペインになだれ込んだため、逆に猛烈なインフレがスペイン国内に発生した。それがスペイン帝国の崩壊につながったのである。

歴史を見ると、世界を支配した国が鉱物資源、貴金属資源、金山、銀山を求めてそこに軍隊を派遣し、それを略奪するというパターンが繰り返されている。

じつはアメリカがイラクに侵攻したのも、このパターンの繰り返しである。ただしアメリカの場合には金色の金銀の代わりに黒色の石油という資源を求めたのだ。アメリカ帝国が軍を進めて資源を略奪しようとしたわけである。ローマ帝国やスペイン帝国は金色のゴールドそのものを求めたが、アメリカが（筆者注　大量破壊兵器があるとの口実で）イラクを侵略したときには戦略物資である黒い色のゴールドを求めたのだ。アメリカが七つの海を支配しようとするのも、中東の石油を世界中に輸送するルートを確保するためだ。石油こそアメリカの軍事行動の根本要因と見ていい。

今、このアメリカの資源戦略を中国がまねしようとしている。経済協力、援助という衣をかぶりながら、中国はアジアからアフリカ大陸に触手を伸ばし、アフリカにおけるイギリスの地位を完全に逆転、今や南米にまで政治力を伸ばしている。南米ボリビアの大統領、エボ・モラレスは「中国が最も信頼できるパートナー」とまで言っている。ベネズエラは完全に中国寄りになっているが、この両国に何があるか。ベネズエラには中国の求める石油があるのだ。

台湾はアメリカのパートナーというより、実質的にすでに中国に取り込まれてしまっている。中国は二〇〇五年の一〇月、カナダにもその触手を伸ばし、アルバータ州の石油権益を確保している。中国はイランとも石油協定を締結し、石油を確保した。

これら中国の動きも全て、鉱物と石油資源を求めてのことである。ローマ帝国時代と変わらない歴史が繰り返されているのである。

日本がその繁栄を誇った一九八〇年代には、ニューヨークのロックフェラーセンターのようなトロフィーを手に入れることに金を使ったものだった。日本の海外での活動は私的な分野によるものであり、中国のように国が所有する企業によるものではなかった。両者を比べると、中国は明らかに戦略的であり、日本は明らかな見栄っ張りである。

中国とロシアのように、クラッシュの前に事前の計画と準備を行った国々は、その努力は報われる。逆にEU、イギリス、アメリカという大西洋の両岸の西洋人たちは、負債という幻想の上に立てた自分たちの建造物がいかにもろいものであったのか、遅まきながら気づくことになるだろう。

ファイナル・クラッシュ後は、西洋に対して超大国となった中国、ロシア二国がおすそわけする形になり、両国は世界の新しいリーダーとみなされることになるだろう。この世界勢力の転換は、決して終わらないかに見えた西洋の繁栄に終止符を打つことになるだろう。日本を除くアジアの国々は彼らのかつてのポジション、つまり世界のリーダーとしての地位を取り戻すことになる。

この見通しについてのかすかな慰めは、それが化石燃料依存からの脱却と地球温暖化のスローダウンの始まりになるかもしれない、という点だ。

そもそも一八世紀以前においては、地球上のどの地域においても生活水準は比較的均一であった。富める国と貧しい国との生活水準の格差はそれほどなかったのである。産業革命を経てその格差が広がったかのように見えたが、二一世紀に入った今、その格差はまた縮まろうとしている。

今、高い生活水準を誇っているアメリカ、イギリス、ドイツ、フランス、日本といった先進国の生活水準が崩れ、新興国がそこに追いつこうとしているのだ。西洋と日本が巨額の負債のもとに沈んでいくとき、新興国・中国はその逆転劇を当然の権利だとみなすだろう。中国から見れば、西洋の植民地とされた屈辱的な歴史の後にも、さらに何十年も金融的な抑圧が続いてきたのだから。

ファイナル・クラッシュ後の次の二〇年間には、エネルギーと食糧の自給が最大のテーマとなってくる。

第二次大戦後の世界では、長期間にわたり国家間の障壁は下がり続け、貿易は比較的容易であった。それはローマ帝国の最盛期に似ている。現代ではWTO（世界貿易機関）などの世界機関が国際的な貿易を活性化する役割を担っている。

しかし経済成長の時代が終わり困難に耐える時期に替わると、ナショナリズムと保護主義が力を増してくる。基軸通貨であるドルが下落したなら、世界の貿易とグローバリゼーションが壊滅的な打撃を受けることは避けられない。

弱いドルのいい面は、それがアメリカの輸出を促進し、アメリカ企業の収益を守るということだ。しかしながら、通貨価値の下落によって他の国々と同様に輸出を増やそうという努力は、より強い通貨の間にダンピング競争を発生させる。ちょうど世界大恐慌のときに生じたのと似た現象である。

アメリカでは第一次大戦後、孤立主義が強まった。一九二二年フォードニー・マッカンバー関税法を制定し、極端な自国農業保護に走った。これに対してヨーロッパ諸国はアメリカの工業製品に対して高関税をかけるという対抗措置に出た。

このためアメリカは国際連盟への加入を拒否した上、ベルサイユ条約の批准さえ拒否した。しかも移民法を変更し、移民はWASP（白人、アングロサクソン、プロテスタント）に限り、しかも制限的にのみ認めることにした。一九二九年にはその制限の結果、わずか一五万人の移民しか認められなかった。

その中で一九二九年から大恐慌が起こり、一九三〇年にはスムート・ホーリー関税法が導入され、アメリカは輸入農産物に対して徹底的な高関税を掛けたのである。ドルは暴落しグローバリゼーションは完全に崩壊してしまった。当時は通貨安競争から各国が輸入品へ高関税を課すようになり、世界全体に保護主義が広まった。残ったのは唯一、ゴールドの価値だけであった。

同じような現象がファイナル・クラッシュによってもう一度起こることは十分予想される。おそらく世界は、それまで先進国でインフレを抑える要因となっていたグローバリゼーションの巻き戻しを見ることになるだろう。

ファイナル・クラッシュ後の世界では、アジア（ただし日本を除く）は西洋を必要としなくなり、世界経済のブロック化が加速する。そのブロック経済の中でそれぞれ流通する通貨が決まってくるだろう。

食糧や石油、エネルギーなど必要なものはいつでも好きなだけ他国から持ってくればいいというのがグローバリゼーションの姿だったが、ファイナル・クラッシュ後の世界ではそれが非常に難しくなってくる。保護主義が蔓延《まんえん》し、全てが自国優先の世界になるからだ（筆者注　そして、レアアース〈希土類〉の世界では中国が輸出を渋り価格を引き上げる現象がすでに起こっている）。

各種資源の中でも、とくに石油とエネルギーに関しては自国優先が徹底されるだろう。それによりファイナル・クラッシュ後の世界では生鮮食料品を他国から輸入することはおよそ考えられないこととなる。石油を始めとするエネルギー資源価格の高騰により、輸送費が非常に高くつくからである。

ドルはアメリカ経済とアメリカ国債の抱える問題、中国の台頭といった要素により下落していく。一方で原油価格は需給バランスの変化により上がっていく。そうなってきたとき、石油資源がない国は、風力発電や太陽光発電のような再生可能エネルギーか、そうでなければ原子力に頼るほかなくなってくる。

ヨーロッパではドイツが再生可能エネルギーを選択し、フランスは原子力を選択した（筆者注　こういう選択は早くしたものが勝つ。どっちつかずの日本はいちばん割を食う）。現在各国で行われているような、原子力発電所や火力発電所などの大規模な発電所を建設するためのコストは莫大《ばくだい》な金額になる。現在のようにその資金を証券市場や社債借り入れで賄い、そして配当金や金利、株価の値上がりで投資家にリターンしていくという方法は、ファイナル・クラッシュ後には非現実的であることが明らかになるだろう。

石油について言うなら、原油の産地は中東にあり、それを港までパイプラインで送り、タンカーで海を運び、再び陸上げし、精錬所に運び、火力発電に適した重油に変え、それを火力発電所で燃やしている。出てくる排ガスは環境保全の観点から徹底的に除去しなければならない。こうして生まれた電気を長い送電線を使って送電する。こう考えただけでも大変なエネルギーロス、資金のロスであることは一目瞭然である。発電所から家庭や工場で消費されるまでの間の変電、送電のエネルギーロスは、全発電量の三分の二にもなるという事実をご存じだろうか。

イギリスを例にとれば、フランスの原子力発電所から電気を買うにしてもドーバー海峡を渡るロスがあり、ロシアの天然ガスをパイプラインで延々と数千キロも引っ張ってくるのも、明らかにエネルギーロスである。

ファイナル・クラッシュ後は、できるだけ消費地あるいは各人の自宅のできるだけ近くで発電、変電、送電を行うことが世界的な傾向になるだろう。マイクロ・ウインド・タービン（超小型風力発電機）、超小型水力発電機、太陽電池パネル、バイオマス・ボイラーなどが新しいエネルギー源として脚光を浴びてくる。

再生可能エネルギーを選択した国は、当初はエネルギーコストの高騰に悩まされることになるが、化石燃料の価格高騰に伴い、エネルギーコストの差は縮んでいくだろう。とくに資源を持たない国では、再生可能エネルギーへの転換が強力かつ迅速に進んでいく。

ファイナル・クラッシュ後は電気自動車が普及し、ヒドラジン・セルなどによる燃料電池車も期待できる存在となるだろう。

ハイブリッド車はいかにも省エネカーの代表格のように言われているが、残念ながらハイブリッド車が走ることによって達成されるエネルギー抑制よりも、モーターとガソリンエンジンを両積みする複雑な車の製造工程に投入されてロスするエネルギーのほうが、じつは大きい（筆者注 電気自動車の製造工程があまりにも簡単であるため、このことが明確にあぶり出されてくる）。

エタノール燃料の自動車はどうだろうか。エタノールはブラジルの大規模農園で作られるサトウキビを主な原料としている。ブラジルで売られている車の大半、約七〇%はこのエタノールとガソリンの混合燃料を使用する車である。エタノールでは、その農業生産にかかるエネルギーとコストがまず勘案されなくてはならない。サトウキビ畑は熱帯雨林を切り倒して作られている。ブラジルのアマゾンの熱帯雨林が減っているのは、農地に転用されているためだ。地球環境保全に逆行していて、この点がエタノールの最大の問題点と言っていい。

また、もう一つの問題点は、ガソリンを燃やすときほどのパワーが出ないことである。ガソリンの倍以上の燃料を車のタンクにつぎ込まなくてはならない。その重量、そしてタンク容量の拡大、またガソリンスタンドまでの運搬にかかるエネルギーロスは、エタノールの再生可能性を相殺してしまう。

食糧も世界的な不足が予想される。これについては、人口の増大や発展途上国の経済発展だけでなく、人間が排出する炭酸ガスによる地球温暖化の、経済への計り知れないマイナスの影響が見逃せない。

二〇〇六年のイギリスのスターン報告書は、北極の氷に含まれているCO_2（二酸化炭素）のレベルは産業革命以前では二八〇ppmであったが、現在は三八一ppm、そして二〇五〇年には五五〇ppmになると予想している。それにより地球の気温は平均三度上がる。この上昇による世界経済へのマイナス効果は一〇兆ドルであり、世界全体のGDPの二〇％にもなる。

この地球温暖化がもたらす世界への破滅的影響は、干ばつと飢饉《ききん》である。暑すぎる夏は農作物に壊滅的な打撃を与え、収穫量が大幅に低下する。ヨーロッパを襲った二〇〇三年の熱波は、その年の農業生産をそれまでの一〇〇年間の中で最も大きく減少させている。今後は同様の現象が世界の穀倉地帯を襲う。世界の農作物の収穫が減少し、飢饉が訪れることになるだろう。

このような資源と食糧の欠乏は、疑いなく各国の関係に緊張をもたらす。負債のない国の通貨（筆者注　筆頭は人民元、シンガポール・ドル、スイス・フラン、ノルウェーとスウェーデンの通貨）のみがさらに強くなり、資源、穀物を有する国（筆者注　ロシア、カナダ）のみがこのファイナル・クラッシュに生き残るだろう。

「持てる者にはさらに与え、さらに豊かになれ。持たざる者からはさらに奪い、持っているもの全てを奪い去れ」

――マタイ福音書　二三章一二節

ライフスタイルと投資活動の変化

「コンスピキュアス・コンサンプション＝見栄っ張り消費（人と比べられないようにするための購入と消費）」。この言葉ほど今の我々の社会に当てはまるものはない。不必要なものをメディアのコマーシャリズムにあおられて買う。人が買っているからと言って買う。そして気づいてみれば、手元には負債だけが残っている。そんなことが個人のレベルばかりか、国のレベルでも繰り広げられてきた。しかし、それも終わりに近づきつつある。

興味深いことに、負債の増加による複合効果とそれにより必然的に招き寄せられるインフレは、やがて負債への嫌悪とデフレを導く。それこそが、これから本書で展開する未来予想の核心的な前提である。

かつて清教徒たちはそれまでの古い教会の富を全てはぎ取り、よりシンプルで静謐《せいひつ》なライフスタイルを提唱したが、その歴史がファイナル・クラッシュによって繰り返されることになろう。しかし、ファイナル・クラッシュでは低所得者層が最も大きな打撃を食らう。エネルギーや食糧に投じるコストは低所得者も高所得者もほぼ同様であり、低所得者ほど収入の中でそれらの費用の割合が高いからである。

ファイナル・クラッシュ後、投資の世界においても大きな方向性の転換が見られるだろう。これまで主流であった「投機による蓄財」は消え去り、「貯蓄による蓄財」が主要な活動となる。そして蓄財したキャッシュをいかに安全な銀行に置くかが、投資アドバイザーの重要な仕事になる。つまりどの銀行がより安全かを見極めることが、投資活動の重要なファクターになってくる。とすれば、クレジット・デリバティブやヘッジファンドなどとかかわりがなく、悪質なローンともかかわりがない、かつ何百年も生き残ってきたプライベートバンクが、より安全な銀行として好まれることになるだろう。

所有すべき通貨としては、人民元が国際化するまではスイス・フランとシンガポール・ドルが最も安全な通貨として認められるだろう。安全性の見返りとしては金利が安く、ほとんどゼロ金利だが、それでも選ぶ人が増えるだろう。

投資対象としては株式よりも社債、とくに優良企業の社債がより安全な投資対象として好まれるだろう。社債についても安全を優先し、期限のさまざまな債券に分散させて投資しなければならない。またゴールドと穀物、資源、食糧、石油などの商品関連への投資も一種の保険として選ばれることになる。

環境の変化は、人気の職業も変えてしまう。ものの価格が上がり、石油が上がり、電力の値段が上がる。燃料コストの増大は、移動や輸送を伴うビジネス活動をやりにくくする。遠距離通勤はもはや過去のものとなるだろう。

職業的に言えば、弁護士、公認会計士、調査会社、株式仲買人、企業金融関係者、不動産開発

業者、建築、PR関係等々は、今はもてはやされているかもしれないが、ファイナル・クラッシュ後は不人気な業種に変わるであろう。同様にブランド消費をあおる高級店も不振に陥る。

大規模な全国展開をするコンビニエンスストアやディスカウントストアは姿を消し、地元の小売店が存続する。なぜなら全国展開をすると、ガソリン代の高騰により商品の配送コストがかさみ、消費者に安く商品を提供できなくなるからである（筆者注　配送コストの問題により自動販売機も消えるだろう）。

外国との貿易における輸送コストも跳ね上がるため、中国から高い輸送費をかけて輸入するものは安い大量生産品ではなく、むしろ高額商品に限定されてくる。

企業の生産方式にも大きな変化が見られる。日本のトヨタ自動車が始めたジャスト・イン・タイム方式は過去のものとなり、記憶の彼方に消え去っていくであろう。必要なときに何度も高いガソリン代、トラック運転手の人件費をかけて部品を運ばせるやり方は、エネルギー価格が高騰したら、もはや維持できなくなるからである。代わって、ある程度の部品ストックを貯蔵しておく伝統的な生産方式が主流に復帰するだろう。

大学では、代替エネルギーにまつわるエンジニアリング、科学、地質学、エネルギー関連分野などが最も人気のある学部となるだろう。

ファイナル・クラッシュ後、人々は大きな家から狭い家、小さな家へと移り住み、都市生活者は田舎生活をめざして農村地帯へと居住を移していく。それに伴い、今まで買い集めた家財道具を一時的に保管しておく貸しスペース業もブームになっていくだろう。人々はものを持ちすぎた。それをかたにして、その日の糧を得る資金を調達することが、人々の日常的行動になる。消費者金融については、昔ながらの質屋が中心となっていくだろう。

ベビーブーマー（アメリカ版団塊の世代）は全ての貯蓄を使い果たし、その不動産を抵当に入れ、しかもその負債を次の世代の子供たちにまで背負わせようとしてきた。負債だけではない。環境破壊も次の世代へと引き継がれていく。

人々は今、食糧、エネルギー、資産、仕事、レジャー、教育といったものを当然のものとして所有している。ところが株式市場が崩壊し、住宅市場も崩壊し、人口が増加して食糧が不足し、ガソリン価格が高騰したら、今持っているもの全てが失われていく。我々が今所有し、浪費しているものは、じつは将来の世代において不足するものかもしれない。その意味するところを知るべきだ。

「限りない成長とは、限りない喪失に変わっていくのである」

この本を締めくくるに当たり、「もしも」と考えてみよう。

もしも、政府の予算の範囲内で社会保障、医療費、教育費、公共事業などを賄えるとしたら？

もしも、これから大学生活を送る者が、学費を一切借りることなしに大学を卒業できるとしたら？

もしも、金融機関が起業家に健全な貸し付けをするとしたら？

もしも、金融機関が正当な評価で抵当をとり、貸し付けを行うとしたら?

もしも、本当の意味で必要なキャッシュのみを銀行が提供するとしたら?

歴史に「もしも」はないと言われるが、もしも我々がそうしていたとしたら、我々もそして我々の子供たちも、やがて来るファイナル・クラッシュに苦しめられることはなかっただろう。

我々をファイナル・クラッシュに追い込んだのが負債であり、消費であり、投機だとするならば、そこから脱出するためにはその反対をすればいい。カードでなく現金を使い、消費でなく貯蓄を行い、投機ではなく健全な投資を行うことに徹すればいいのである。

消費と負債が大手を振って闊歩《かっぽ》する今の時代では、このような考え方はエキセントリックとみなされるかもしれない。だが歴史を振り返ると、ある一つの時代にエキセントリックであったり、あるいは革命的であった考え方が、その後の世界でいつしか普通の考えになることがよくある(筆者注　キリストの教えはその当時の大勢であったユダヤ教から見れば新興異端のエキセントリックの極みであった)。

「経済成長、経済成長」と言い合って消費を拡大し、負債を拡大するという、このベルトコンベヤーからいったん降りて冷静に物事を見つめると、じつはそんなに必死に働かなくても、そんなに多くのものを持っていなくても、そんなに競争しなくても、充実した生活が送れることに気づくはずである。我々の子供や孫たちは、自分たち独自の哲学を打ち立てて、困難な時代に対処していくだろう。

二〇〇六年には、二人の偉大な経済学者が死去した。一人はミルトン・フリードマンであり、もう一人はジョン・ケネス・ガルブレイスである。

ガルブレイスはケインズの熱狂的な支持者であり、「政府が適切に支出、そして税制をコントロールすることにより、社会的正義と財政の健全性を両立することができる」という考えだ。これに対してフリードマンは「政府が国債を発行して政府支出の資金とすることはインフレのもととなり、行うべきでない。政府の役割は限定されるべきであり、税金もできるだけ最小限にとどめられるべきである」と主張する。この考え方は、いわゆるシカゴ経済学派をバックグラウンドとするもので、「なすに任せよ」というレッセフェール（自由放任主義）・アプローチである。

この二人の敵対する経済学者の考え方はおそらく、どちらかが完全に正しいというものではなく、その時々の経済情勢や経済分野に合わせて適用されるべきものであろう。

近い将来訪れるファイナル・クラッシュは、経済学者や事業家、政治家、政府の役人に対し、今まで彼らが行ってきた伝統的な経済政策の間違いを気づかせることになるだろう。そして彼らがいくら議論をしても、伝統的な考え方しかできない経済学者や政治家は、誰もその解決策を見いだすことはできない。

これまでになかった革命的な考え方を発見し、提唱し、政策に移す人間が現れなくてはならない。そのためには、社会の多様性が重要となる。これは自然界を見れば明らかである。自然界は見事に多様性を実現している。この地球上には何万という種が存在し、自然環境の変化、地球の大きな気候変動によって消滅する種がある一方で生き残る種があり、それが繰り返されることにより現在の地球の生命の繁栄がもたらされている。多様性を許容した結果、この大きな変動の中で生き残る多様な種を抱えることができた国、民族、地域のみが大変動に生き残っていく（筆者注　その点、日本は多様性がゼロの国だから、一番最初に死亡する国となろう）。我々もまた、互いに異なる者同士の間でよりよい未来に向け、ともに努力することができるし、また実際に努力していくことだろう。

本書の最初で、アメリカ大統領でありアメリカ建国の父であるトマス・ジェファーソンの言葉を引用した。最後もまたトマス・ジェファーソンの言葉で終えるのが適切であろう。

第一は「私は過去の歴史より将来の夢が好きだ」。

第二は「そして、このアメリカという国に住む人々が自主独立を堅持するためには、為政者が我々国民に負債を押し付けることを許さないことである。私たちは経済と自由、あるいは豊富さと隷属のいずれかを選ばねばならない」。

負債で膨らんだ世界経済が収縮する

現代経済のあらゆる部門で負債というものが増殖して、国も民間金融機関も個人も全て借金まみれになってしまった。借金という形で紙幣がばらまかれた結果、インフレが発生し、倹約や貯蓄を無意味なものにしてしまった。かくしてアメリカでは倹約を美徳とする古い価値観が忘れ去られ、貯蓄の減少が起き、いつしか稼ぐ以上に消費するようになった。

この傾向はベトナム戦争以降に顕著になったが、とくに一九八二年以降にドルがばらまかれた要因はクレジットカードの普及であり、住宅を担保としたローンの拡大である。それが消費を拡大する原動力として奨励された。

先代のFRB議長であるアラン・グリーンスパンは、銀行による貸し出し規制を徹底的に緩和して、それまでの一・八兆ドルから、八・二兆ドルへとマネーサプライ（通貨供給量）を膨張させた。さらにイラク侵攻に伴う戦費調達でも、ドル紙幣が大量印刷された。

ジョージ・W・ブッシュは初代大統領ジョージ・ワシントンから数えても、歴代で最も大きく政府の負債を拡大させた大統領だ。この負債の拡大はアフガン戦争、イラク戦争、そして減税が主な原因である。あまりの膨張ぶりに恐ろしくなったグリーンスパンは、二〇〇六年三月にマネーサプライを示す指標M３の発表をやめてしまったぐらいである。がんが全身に転移していて、患者に告知できなくなった状態に似ている。それだけ膨大なマネーが発行され、過剰状態になっているということなのだ。

〝*THE FINAL CRASH*〟第三部の冒頭で、著者ヒューゴはファイナル・クラッシュの発生を示す最初のサインとして、株式市場の動きに注目し、次のように指摘する。

「歴史的には、株価がそれ以前の一〇倍に高騰した後は、上がり、下がりの大きな変動を繰り返す」

株価が下がるのは、企業の利益水準が上がってこないためだ。上がる原因は政府が景気をテコ入れしようとして、通貨供給を増加させるからである。経済を刺激するために国債を発行し、政府はさらに負債を膨らませていく。だがそれが続けばいつかは必ず、国債発行金利が上がる。金利の上昇は景気にはマイナスに働く。株価押し上げの努力が、最後になって裏目に出てしまうのだ。

「事態を反転させようと公的私的にいろいろな干渉や操作が行われるだろうが、結局それらは事態を悪くすることにしかならないと悟ることになるだろう」。そのときこそ、ファイナル・クラッシュが訪れる。

ファイナル・クラッシュでは、一九九〇年の日本のバブル崩壊の数十倍の規模で、世界全体でバブル崩壊が起こる。株価については、「我々は将来、見るも無残なほど低い株価で市場を終わらせることになるかもしれない」と書いている。

著者の予想では、一九二九年の世界大恐慌をはるかに上回る恐慌になるわけで、株などは当然、紙くず同然となってしまう。その意味では二〇〇八年九月に起きた株式市場の暴落などは、まだファイナル・クラッシュのほんの前ぶれにすぎないのだ。株式市場が乱高下の後、大きく下がり始め、売りが売りを呼び、産業革命以来の信用収縮が全世界を襲う。負債で膨らんだ世界経済が、等身大に収縮していく。

中国経済に何が起きるか

中国を始めとするアジア諸国がアメリカ国債を買い続けることによって、かろうじて保たれている世界経済の循環が崩れるとしたら、何がきっかけとなるのか。

考えられる原因の一つは、アメリカ国内で消費が続かなくなることである。これは原著の出版後、リーマン・ショックによって現実化した。もう一つは産油国、中国、日本がアメリカ国債を買えなくなる状況に陥ることである。

日本は完全に疲弊してしまった。長年の不景気とそれに対する財政支出により、日本政府に巨額の負債がたまっている。とくに今回の東日本大震災と原発問題、それに追い打ちをかけるような円高で、財政の悪化は決定的なものとなった。日本がアメリカ国債を買い増す力は完全に失われたと見ていい。

では産油国はどうか。こちらも今や、混乱の最中にある。エジプトで政権が崩壊し、中東全域で反米主義が広まりつつある。もはや、これまで通りのアメリカ国債買い付け意欲を保持することは難しい。

となれば、最後の砦《とりで》である中国がアメリカ国債を買う力を失ったときが、ファイナル・クラッシュの始まりである。中国が共産党独裁政権であり続け、今のように為替管理を徹底してアメリカ国債を買っている状況は、永遠には続かない。現に日本も買えなくなってきているように、中国もいずれ買えなくなるときが来る。それは誰が考えても明らかなことだ。

中国のドル買いが止まると、世界経済は心筋梗塞《こうそく》のような状態になる。アメリカ国債の買い手がある日突然いなくなるのだ。途端にアメリカ国債の暴落が起こる。冠状動脈が徐々に詰まるのなら、まだ手の施しようがあるのに、突然詰まる。

産業革命以来の最もすごいメルトダウン（溶融）。原著の執筆中には福島原子力発電所の問題など全く起こっていないわけだが、まさにメルトダウンという言葉を使っている。徐々に止まってくればメルトダウンにはならないかもしれない。だがいきなり止まるからメルトダウン、そしてクラッシュとなってしまう。それを中国経済のシステムフェイリャー（機能停止）と私は呼んでいる。

システムフェイリャーの原因は暴動かもしれないし、物価と賃金上昇による輸出の停止かもしれないし、バブル崩壊かもしれない。中国経済はいろいろな意味で危ういバランスの上に成り立っており、何が起こるかわからない。

中国のインフレが世界経済のがん

著者は、アメリカではインフレにより金融緩和をやめざるを得なくなり、金利の上昇が経済の破綻《はたん》を招くと予想しているが、インフレは中国経済の最大のリスクでもある。

二〇〇五年六月、中国の温家宝《ウエンチアパオ》首相は、中国がインフレを抑えるのに苦労しており、目標の範囲内にインフレを抑えることが苦しくなってきたので、さらに政策金利を引き上げる必要があるかもしれないと、初めて公に示唆した。その後もインフレは止まらず、二〇一一年五月にはインフレ率は前年比五・五％に達し、今後はさらに六％を超えてくる可能性がある。

中国がインフレに悩まされている大きな原因は、自国の通貨である人民元を実力より低いレートに人為的に抑え込んでいることにある。アメリカの経済学者たちは「中国が国内のインフレを抑えるためには、人民元の変動相場制を導入しなければならない」と言っている。だが、中国共産党は逆に「インフレの原因はアメリカの過度な金融緩和にある」と主張している。

要は為替レートの固定とリーマン・ショック後のアメリカの金融緩和政策とが今、中国のインフレを引き起こしているということだ。中国がドル買いをすることで為替市場に人民元が放出され、それが国内にどんどん入ってくることで、通貨供給が過剰となって国内がインフレになってしまう。すでにばらまかれた大量な人民元があって、いったん外に出ていた人民元が、華僑を通じてまた大量に中国に戻ってきているのだ。

この図式は他の新興国でも同じだ。新興国側による資本の流入規制も、もちろん行われている。新興国側もドルの流入を止めようとはしている。しかし抑えられない。あまりやりすぎると自分で自分の首を絞めることにもなる。なぜなら、ドルは基軸通貨だからだ。ベトナムでも、バングラデシュでも、カンボジアでも、タイに行っても、対外取引は全てドルで行われている。これらの国の一部では自国通貨よりもドルが流通しているほどで、現実には流通を抑えられない。

物価上昇率は中国では今、五％台と称しているが、実態は一〇％近いだろう。中国が人民元を切り上げれば、中国のインフレはいとも簡単に終息するのだが、そうすると今度はアメリカへの輸出品の価格が上がってくる。中国製品の強みは低価格であるから、値段が上がれば輸出が止まる。今の中国経済は輸出依存度が非常に高いので、輸出が止まったら経済が破綻してしまう。それによって中国共産党の政権維持が危うくなる。

中国政府はそういうジレンマに陥っているわけである。そこで中国政府は人民元の切り上げはやらずに、金融政策でなんとかインフレを抑制すべく、国内金利の引き上げと預金準備率の引き上げを行っている。

中国政府は、二〇一一年になってから金利と準備率の両方を何回も引き上げているのだが、インフレは一向に収まる気配がない。預金準備率を二〇％以上という高率にしても、インフレ抑制効果には限度がある。

国内金融政策では効果が見られないわけだから、やはり人民元とドルとの通貨調整をせざるを得ないのだが、やれない。このインフレが全国的動乱につながり、中国共産党の政権基盤そのものが揺らぐ可能性もある。

じつは中国共産党にとっては、現在の都市部の不動産バブルはそれほど問題ではない。上海のマンションが東京の一〇倍もするようになったところで、しょせんは金持ちだけの話であって、国民の大部分を占める農民や労働者にとっては関係のないことだ。しかし生活物資、とりわけ食料品のインフレはそうはいかない。中国がインフレになったら、貧しい人たちが困るのだ。

中国は物価統計の基礎資料をオープンにしないから実態はよくわからないのだが、今は米も豚肉も野菜も油も、およそ食料品の何もかもが値上がりしている。中国共産党は、こと豚肉の価格に関しては相当、神経質になっているはずである。というのも、中国人は豚肉が買えなくなったら、暴動を起こすからだ。米が食えなくなっても怒らないのだが、肉を食えなくなったら暴動が起こる。歴史的に見てもそうなのだ。

中国で暴動が頻発している問題は、日本の中国批評家たちがあれこれと書いている。彼らはそれを汚職役人の横暴に基づく人心の問題として捉えているけれども、経済学的に見ればインフレの問題なのである。二〇一一年には広州近郊で数日間続いた暴動があったが、生活必需品のインフレによって中国全体が危ない雰囲気になっている。中国新幹線が死亡事故を起こしたこと（二〇一一年七月）に象徴されるように、過熱した経済はサステイナビリティー（持続可能性）を失い、ひずみを抱える。

物価上昇と同時に庶民の所得が同じ率で上がっていけばいいのだが、経済はそうはならない。儲《もう》かれば儲かっただけ賃金に分配して、どんどん給料を上げていけば、それがまたインフレに結びついてしまう。給料が上がれば物価も上がる。物価が上がるから、また給料が上がる。これがインフレのスパイラルだ。

中国の企業の中心は国営企業なので、そうならないように給料は抑え、利益は金融機関が吸い上げて、アメリカ国債を買うほうに回している。給料があまり上がると、今度は進出してきた外国企業が中国から出ていってしまう問題もある。香港に近い深圳《シンセン》地区ではすでにそうした問題が深刻になってきている。私の友人の香港在住のイギリス人弁護士は、一〇年前までは進出企業による工場の買収や建設についての法律業務が多かったが、ここ一〇年は工場閉鎖のための業務で忙しいと言っていた。

撤退の理由は賃金だ。たとえば大連には日本企業が多数進出しているのだが、賃金が大変な勢いで上がってきていて、今や日本語ができる中国人となると、月給一〇万円を突破している。日本人の賃金とあまり変わらなくなってきているのだ。

賃金が上がりすぎたら中国で生産するメリットはない。アジアの他の国、といってもタイはもう賃金が高いため、より賃金の安いベトナムやカンボジアに移転することになる。結果的に中国国内で雇用が失われていく。つまり中国では給料が上がれば、雇用が失われるのだ。そういう経済構造になっている。

とすると、インフレになれば輸出が減り、これ以上アメリカ国債を買えなくなるのは自明の理なのだ。中国国内の最低所得層は、じつはアメリカに輸出する中国製品の製造業に携わっている都市部の労働者たちではない。農産品を国内に供給している農民たちである。その農民たちが毎日のように買わなければいけない生活必需品の値段が、一年で二倍になったらどうなるか。

地方農民には都市部の人々への不平不満がたまり、今以上に多くの暴動が起こってくる。暴動が広範囲に広がれば、中国政府が転覆する可能性もある。あるいは農村が疲弊することで、農民の都市流入が加速する。一三億人の人民が農村から都市に出てきて、そのまま失業者となったら、都市の崩壊が始まる。

そうなったら米ドルを買い支える国はもうない。中国のシステムフェイリャー、それによるドル還流システムのメルトダウンという最悪のシナリオが起こってくるわけだ。

中国のインフレ問題こそ、世界経済の最も大きながんだと言える。

アメリカは緊縮財政を実現できるか

中国のインフレの一因が人民元の為替レートが固定されていることにあるとすれば、もう一つの原因はアメリカの極度の金融緩和政策と財政支出増である。それが世界にドルをあふれさせ、新興国に流入してインフレを引き起こしている。

アメリカでは、議会で財政赤字が問題となっている。二〇一一年夏やっと議会とオバマ大統領が赤字国債発行に合意したが、今後は緊縮財政を実現し、政府の累積赤字もGDP比九四%でなんとか持ちこたえられるだろうか。おそらく難しい。というのもアメリカ政府は今、とにかく雇用を創出しなければならないからだ。

アメリカでは二〇一二年に大統領選挙が予定されている。オバマ大統領はなんとしてでも再選したいだろう。それには雇用の回復が最大の焦点となる。雇用創出のためには財政支出の拡大が必要だ。つまりオバマは再選のためにドルをばらまく以外にない。国債をますます増発しなければならない。

しかし共和党主導の議会はこれに反対だ。いずれにしても中国がアメリカ国債を買い続けることが絶対に必要だし、日本がアメリカ国債を売らないことも絶対条件になってくる。

アメリカでは、中央銀行であるＦＲＢも雇用創出の義務を負っており、そのためにも金融緩和を継続してドルを安く保っておかなければいけない。つまり経済的にいかに問題であろうと、政治的には緊縮財政とは反対の動きをとらざるを得ない。

二〇一一年夏の時点で、主要国で緊縮財政が実行できたのは唯一、イギリスだけである。イギリスは経済規模が小さいために、緊縮財政をとっても世界経済にはそれほど大きな影響はない。だからこそできたのだ。日本と中国、アメリカは無理だ。とくに日本は今回の震災の問題があり、財政支出を減らせない。

二〇一二年には、中国でもトップ交代が予定されている。現在のトップである胡錦濤《フーチンタオ》は、二〇一二年に習近平《シーチンピン》に替わると言われているのだ。中国のトップとアメリカのトップが交代するわけだが、順調な交代を実現するには、中国も今の経済状態を続けていかなければならない。そのためには中国政府も為替相場を安く保ち続け、アメリカに輸出し、またドル買いを続ける必要がある。

そして、当分の間、このままドル紙幣は刷られ続け、中国が買い続けることは間違いない。そして中国国内のインフレは、間違いなく悪化する。

中国バブルの崩壊は近い

世界経済崩壊の予兆としては、何を見[illegible]いればいいのだろうか。

著者はクラッシュの始まる時期に[illegible]いては「乱高下し出した株式市場が先行指標となる」としつつも、「それがいつ頃になるかはわか[illegible]ない。何がきっかけになるかもわからない。とにかく備えを忘れないことだ」と述べている。実[illegible]アメリカでは財政危機が取り沙汰され、ヨーロッパではユーロ危機が起きているが、それがす[illegible]ファイナル・クラッシュにつながるとは限らない。中国や日本が震源になる可能性も十分にある[illegible]メリカ国債の格下げがきっかけになることもある。

私が指標の一つと見ているの[illegible]中国におけるバブル崩壊である。現在の上海では、中心部のマンションの価格は一般的なサラリ[illegible]ンの年収の三〇倍以上とも言われる。平方メートル当たり三万元(一元＝一二・五円として約[illegible]円)が標準価格とされ、高いものでは単価がその三倍、日本円にして一戸二億円以上という[illegible]ていて「外資系企業に勤務する管理職ですら、上海市内にマンションを購入することは不可[illegible]と言われるまでに上がってしまった。実需を完全に超えた高騰であり、明らかにバブルである。

誰もそこに住めないような価格で、転売差益だけを狙った不動産投機が行われている。このような状態では、それがいつクラッシュするかわからない。

香港や上海のマンションを買っている中国人は、名義としては全て華僑となっている。しかしその資金の出所は本土の中国人だ。中国人はマンションを買うときに、すでにインドネシア、カンボジア、シンガポール、タイなどに出ていった、自分の親戚の名前で買っている。自分の名前を出せば当局から目をつけられるためだ。購入資金としてはいったん外に出ていった人民元を使っている。

中国国内でいくら金融を引き締めても、為替市場から海外に出ていった大量の人民元が国内外の中国人社会の中でたまりにたまっているので、資産インフレが止まらないのだ。シンガポールのセントーサの、一戸一〇億円とも言われているオーシャンビューのコンドミニアムなども、所有権が買えるからか買っているのは中国人ばかりだという。

今、世界のお金がなだれ込んでいるのがシンガポールだ。上海や香港以上だろう。そのため外国人向けマンションの値段は猛烈に高い。外国人が買う物件は最低五億円超ではないだろうか。いくらオーシャンビューといっても、セントーサの一〇〇平方メートルほどのコンドミニアムが一〇億円だ。こちらもいずれクラッシュするのは明らかだろう。

だが、シンガポール政府は賢くて、そうした外国人向け不動産と自国民向けの不動産を切り離している。地元の人たち、シンガポーリアンが住んでいるコンドミニアムは値段が統制されていて、そう高くはない。これは住宅供給公社が出していて、所有権は買えず全て一〇～二〇年のリースとなっており、二〇〇〇万円から三〇〇〇万円程度で買える。中国でバブルが弾《はじ》け、シンガポールで外国人向けのマンションが暴落しても、それがシンガポール経済に与える影響は限定的なものとなるだろう。

とはいえ、中国の不動産バブルは国内だけでなく、世界の華僑全体を巻き込んでいるから、それが崩壊するときには台湾も含め、東南アジア経済全てが大きなショックを受けるだろう。それがファイナル・クラッシュの、アジアでの始まりとなる可能性も十分ある。

いずれにせよ、中国経済が破綻したらアメリカ経済も破綻する。両国は著者の言うチャイニーズ・ランドリーで固く結ばれている。今や、アメリカは中国そのものであり中国はアメリカそのものなのである。

その時期はかなり近い。というのも現在の中国は、本当にバブル期の日本にそっくりなのだ。このような異常な状況はおそらく数年しかもたないだろう。実際のところ、あと三年もつか、もたないかという印象を受けている。

ファイナル・クラッシュを避ける唯一の道

著者は、それ以外にもドル崩壊のシナリオとして、いくつか考えられるルートをあげている。著者の基本的なスタンスは「ドル紙幣が刷られすぎたから、クラッシュする」というものだ。そして「それにとどめを刺すのがユーロだ」とも言っている。

たとえば、石油の取引をドルではなくユーロで行うという動きが高まっている。こうした動きが急拡大した場合も、ドルの危機に結びつく。ドルが基軸通貨の地位を失えば、これまでのように借金を補うために輪転機を回してドルを刷る、といったやり方は不可能になる。ドルの信頼は基軸通貨としての地位とともに失われ、ドルとアメリカ国債が暴落してしまう可能性が高い。そして現実に二〇一一年八月にはアメリカ国債が格下げされてしまった。

アメリカ政府の危機的な財政状態を見れば、新たな戦争もドル危機の原因となるかもしれない。たとえば反米機運の高まっているイランの動向次第ではイスラエルがどう反応するかわからず新たな戦争が始まり、その財政的負担がドルの信頼を失わせ、世界的ファイナル・クラッシュに発展する可能性もある。

ドルが暴落して地位を失うのか、基軸通貨であり続けるかという問題について言えば、むしろドルが基軸通貨であり続けながら信頼を失うと予想されることが問題なのだ。ドルの崩壊が起きる前に、ドルに代わってユーロか人民元が基軸通貨になることは、このファイナル・クラッシュを避けるための数少ない処方箋《せん》である。

しかし、実際にはユーロは基軸通貨になり得なかった。ユーロゾーンの国々の財政危機問題が次から次へと表面化してきているためだ。基軸通貨になるためには、そういう問題を抱えているわけにいかない。

日本の円はもちろん基軸通貨にはなり得ない。あまりにも政府の財政がひどすぎるからだ。

リーマン・ショックの前までは、ユーロがドルに代わる通貨として浮上してくるというシナリオがかなり広く信じられていた。著者も指摘しているように、実際に石油代金についてはユーロで受ける国が出てきたように、ユーロがドルに取って代わる動きがあった。多くの人がそう思っていたところに、リーマン・ショックが起き、ユーロ圏の脆弱性《ぜいじゃくせい》が明らかになった。たかだかギリシャという周辺国の問題一つも、EU（欧州連合）のECB（欧州中央銀行）は自ら解決する力がなく、IMF（国際通貨基金）に助けを求める始末だった。イタリア、スペインに広まれば手の施しようがない。それからは「どうも人民元がユーロよりも早くドルに取って代わるのではないか」という気配になってきた。

しかし人民元も徐々に切り上げはされているが、存在感は高まってこない。基軸通貨は国の管理から離れて世界中を自由に流通しなければいけないわけで、それは人民元が当局の為替介入から自由になり、今のドルとの固定相場から離れなければ無理だ。人民元が固定相場から脱却して、自由に通貨レートが変動する変動相場制に移行すれば、それはドル暴落に対する一つの大きな救済策になるだろう。

著者ヒューゴは「世界経済を健全な（サステイナブルな）成長に持っていく必要がある」と述べている。健全にするためには、人体にたとえるなら、血液が必要なところに必要なだけ行くようにならねばならず、そのためには通貨が実体経済と連動して動くという形、変動相場制になっていないといけないのである。

だが、中国政府としては人民元の為替レートが急激に上がることは絶対に避ける方針なのだ。原著の中でも「中国はカレンシー・マニピュレーター（為替操作国）とされている」と述べられている。

為替レートの自由化を行うと、輸出品の価格が上がってアメリカに輸出できなくなる。国内の失業率の上昇や社会不安の高まりにつながり、国内暴動のきっかけになる恐れもある。しかし今のままだとドルが流入し続けて国内インフレを招く。いずれも中国共産党にとっては大問題だ。共産党が転覆されるという恐怖感があるために、絶対に変動相場制にはしない。円高に振り回された日本を反面教師としているという面もあるが、やはり一党独裁国家であることの宿命と言えるだろう。

共産党政権による独裁国家という中国の一面を象徴するのが、検索エンジンであるグーグルに対する検閲問題だ。国民に検索を自由にさせない。国産の検索エンジンである百度《バイドウ》にやらせているのだが、それは百度が共産党のインターネット規制に「ははぁ」と言って従っているからである。人民元をドルと連動させ、固定相場制にしておくことは、百度にインターネットを管理させておくのと根は同じことなのだ。しかし、内なる問題のインフレだけは対処不能のレベルに来ている。

日本は円が変動相場制になったために、アメリカ国債を次第に買えなくなってきた。円が高くなって輸出が難しくなると、貿易黒字も減り、ドル買いもなくなる。本来なら、そういうことが中国でももっと早く起きているべきだった。そうすれば、アメリカも中国向け輪転機のように、いくらでも国債券を刷ることができず、財政への自制がもっと早くできていたはずだ。持続可能な世界経済にするには、早急な人民元の変動相場制への移行が必要条件だったのだ。しかし、今さら手遅れだ。

ドル還流のポンプ役が日本から中国にバトンタッチしたのは、日中の経済規模が逆転し、中国が世界第二の経済大国になった二〇一〇年などではなく、日本のバブルが崩壊したときだ。そのときにはもう中国が日本に代わってその役割を演じ始めていたのである。その段階で人民元が変動相場制になっていれば、実体経済から離れた還流システムが、早い段階で正常な流れに戻ることになり、世界中に過剰なドル紙幣がばらまかれることもなく、ファイナル・クラッシュは防げただろう。

中国政府が早急に人民元の国際化を実施することが、唯一、ファイナル・クラッシュを避ける道だった。それは中国経済がより健全化していく一つのプロセスであり、中国が大きな政治力を持つことにもつながるだろう。

しかし実際には中国は、著者が予想するように、今のままの状態を維持しようとし続け、アメリカもそれに甘んじてどんどん国債を増発する。原著で予言されている通りのことが起きている。もう遅い。今となっては、ファイナル・クラッシュは避けられない。

ドルがクラッシュすると、中国も大変な被害を受ける。ユーロも同じだ。ユーロというのは、今やドイツのことになってきている。ドイツだけで支えている状態だが、ドルがクラッシュしたら、ドイツがユーロを支え続けることも難しくなるだろう。ドイツ人の大多数はユーロ圏の劣等生の犠牲になりたくないと思っているから、このあたりが限界だ。

著者は「全て共倒れになるだろう」と悲観的な見通しを述べている。

グローバリゼーションの後退

著者ヒューゴはまた、各国が自国の景気を刺激する必要から、自国の通貨の為替レートを意図的に引き下げようとすることも指摘している。一九三〇年代の世界恐慌でも同様の通貨切り下げ競争が起きたのである。

著者のこの予言はすでに的中している。二〇一〇年から一一年にかけて発生した、世界的な通貨の切り下げ競争がそれである。米ドルもユーロもポンドも人民元も意図的に引き下げられた。政治力のない日本の円だけが反動で上がっていった。

貨幣が価値を失い、インフレーションが発生する。金銀プラチナ、資源、エネルギー、穀物が高騰する。それは単に通貨価値が下落するためだけではなく、資源を持つ国が保護主義に走ることからも発生する。一九三〇年代の大恐慌では、通貨切り下げ競争の後、各国に保護主義が蔓延したが、著者はファイナル・クラッシュが起きた場合にも同様に、世界中に保護主義が蔓延すると予測する。アメリカのトウモロコシ不作による輸出価格高騰、中国のレアアース輸出規制はその表れだ。

商品価格が高騰するとそれぞれの国は自国民を養うために、まず食糧や資源を確保しなければならないからだ。商品価格の高騰は自国民の保護という政治目的を最優先事項にする。次に待っているのは自由貿易の崩壊である。なぜなら、資源国は自国民の保護を優先するから、穀物や石油、あるいは鉱物資源を輸出しないか、輸出を制限する。世界のグローバリゼーションは一気に後退する。その結果、石油、穀物、鉱物資源など、食糧や原材料の価格が跳ね上がって、経済と人々の生活を痛めつける。

多くの国々では自国優先主義が政治信条となり、いかに国内で自給自足し再生可能エネルギーで細々と生きていくかが求められることになる。人々にできることは唯一、前もってペーパーマネーから現物へと資産をシフトすることで、個々人の財産を保全することだけである。

現実に、ヨーロッパ諸国では保護主義の前兆とも言えることが起こっている。移民の制限やナショナリズムの高まりである。自国に移民を入れすぎ、その移民が自国民の雇用を奪い、しかも無職の移民が社会福祉の恩恵にあずかっていることを問題にする極右政党が台頭している。いずれはそういった極右政党が政権をとる国が現れかねない。二〇一一年夏のイギリス各地の暴動も白人の若者の間に広がる就職難という社会不満の表れである。ヨーロッパはもはや正常運転ができなくなってきている。

資源価格が高騰して自国優先主義が蔓延してくると、日本のように資源の自給力が乏しく財政危機に苦しんでいる国は壊滅する以外に道がない。食糧と石油を輸入に頼っている国は、国民を飢えさせるわけにはいかないから、いくら高い金を払っても資源を買い付けようとするが、農業国では農作物はまず自国民に割り当てられ、資源も石油も生産国の自国消費を優先する。しかもそのとき、日本の通貨である円は暴落している。一〇〇％、二〇〇％というインフレが襲う中で、穀物、資源を輸入に頼っている日本は、いくら金を積んでも穀物の輸入、石油の輸入、原材料の輸入がままならないという悪夢のような状況になる。

クラッシュ後には世界がハイパーインフレ（物価暴騰）に見舞われる。一方で世界各国の株価は大暴落し、銀行や企業の倒産が相次ぐ。

いずれも原著の中にある指摘であるが、これはまさに第二次世界大戦を生み出した大恐慌後の世界である。世界大恐慌のときには株価がクラッシュして、労働者は失業して、ウォール街でも大量失業者が出た。町にはホームレスがあふれかえった。ファイナル・クラッシュ後の世界は、大恐慌とワイマール共和国のハイパーインフレがナチを生んだ時代と近似してくるのだ。

世界大恐慌といってもその実感は今の日本人にはないが、石油ショックなどというレベルの話ではない。企業も銀行もバタバタ倒産し、みな失業して食べるものにも事欠く状態である。近いものとしては、終戦直後の焼け野原のようなものだろう。それを体験した人ぐらいしか恐慌の真の恐ろしさは実感できないのではないだろうか。

「アメリカが崩壊しても新興国が世界経済を牽引《けんいん》するというデカップリング（分離）が起きるのではないか」と考える人もいるかもしれない。世界的なファイナル・クラッシュの中で位置付けの難しい国が中国とロシアである。

中国は人口の多さに比べて自国の食糧およびエネルギー資源が少ないという問題点がある。今でも中国は石油、食糧を輸入せざるを得ないほどの人口である。ただし中国は著者も指摘するように、自国の弱みを十分に理解し、世界的な資源確保戦略に余念がない。ゴールドも着々と保有高を増加させている。近いうちにアメリカに次ぐゴールド保有高になろう。一方ロシアは膨大な穀倉地帯を抱え、また石油、天然ガス資源も豊富に持っている。「中国とロシアの準備は報われるだろう」と著者ヒューゴも書いている。

著者は、ファイナル・クラッシュ後はアジアと西欧で力の逆転が起きると見ているが、ではアジアの経済力がファイナル・クラッシュを防ぐのかというと、そうは言っていない。それは無理なのだ。新興国の経済は、単独では世界の牽引力にはならない。現在の繁栄はもっぱらアメリカを中心とする先進国への輸出によって支えられている。それを支えているのが先進国の消費であり、消費を支えているのが金融緩和なのだ。

中国、ロシアの両国とてファイナル・クラッシュで儲かったり、利益を得たりすることはない。より被害が少ないだけである。世界の貿易が完全に縮小し、グローバリゼーションが消滅している中では、どの国も繁栄しようがないからである。

経済的な満足から精神的な充実へ

ファイナル・クラッシュとはまた、過剰であったアメリカの消費がしぼむときでもある。金融によって膨らんだ経済規模が本来のあり方に戻っていく。経済の全てが縮小する。結果として無駄なものを買わない世界になる、と著者は言う。

現在アメリカ人が享受している年金や医療給付は、今の何分の一しか支給されないようになるだろう。発展途上国のレベルとアメリカの社会保障のレベルが同じぐらいになってしまう。そうした生活水準の後退が、アメリカを始めとする先進国の国民に起こるのである。

ファイナル・クラッシュの後も技術は進歩するが、その方向性は変わってくる。つまり新製品を作り、新たな消費へと国民を駆り立てる目的から、全てを節約し、できる限り資源をリサイクルするための技術へと大きく転換していく。同じ技術の延長線上の見せかけの新製品を作り出し、国民を購入へと駆り立てるようなこと（大型液晶テレビや新型車がそのいい例である）はもはやできなくなり、資源の輸入が困難となる結果、既存の資源を再利用するリサイクル技術、化石エネルギーを使用しない伝統的なライフスタイルが見直され、発展することになる。世界全体が浪費から倹約へと方向転換し、それに伴い、技術の方向も転換するのだ。

産業構造も大きく転換すると思われるが、それがどういう形となるかについては原著では語られていない。現時点で想像するのは難しいが、たとえばローテクの機械工業、伝統的な産業や家内工業といったものが復権してくるのかもしれない。

トヨタのカンバン方式、ジャスト・イン・タイムというシステムは過去の記憶と消え、我々はその時々に必要最小限度のものを手に入れるという、別の意味でのジャスト・イン・タイムの生活に返っていくのではないかと書いている。

原著では「消費経済の終わり」というテーマが繰り返し登場する。著者は次のように言う。

「二つの言葉を別の二つの言葉に置き換える必要がある。『投機と消費』から『倹約と貯蓄』である」最終的なクラッシュに至って初めて、人々は政府に踊らされて無用な消費に走らされ、貯蓄を使い果たした愚かさを噛《か》みしめる。そして浪費を奨励する政策から、質素に生きることへと国民の合意が転換する、と著者は予想する。

著者はファイナル・クラッシュが訪れた後の世界では、節約とか倹約が社会基準になり、欲深い経済活動、強欲な資本、そして過剰な消費はむしろ恥であり、受け入れられるべきではないとみなされる。また、クレジットカードでお金を借りることや、家を担保にお金を借りるような負債は、「恥の源泉」となるだろう、と予測している。

「物質的には貧しくとも、精神的に幸せになれる経済に変えなければいけないし、変わっていくだろう」というのが、著者の哲学のようだ。

車を何台も持っていることが立派なことではない。一本何十万円もするワインをあけるのは、じつは愚かなことだと思えるようにならなければいけない。倹約、身の丈に合った生活、そういうものがかっこいいとみなされる。そういう時代が来るのだ、と言う。日本的に言えば、寿司屋に行ってトロを注文するよりも、コダイとかイワシか何かを注文しているほうがかっこいい。

とくに消費によって支えられていたアメリカでは、一気に極度の倹約、まじめさが国民の間に浸透する。銀行からの借り入れ、住宅ローンは恥だとされ、貯蓄、節約、倹約が美徳に、一八〇度転換する。質素こそかっこいいとされ、仕事が終われば一刻も早く家に帰り、家族とともに質素な食卓を囲むことが美徳とされる。過剰消費、見せかけ消費、無用な消費の消滅である。

「チャールズ・ディケンズの『クリスマス・キャロル』から学ぶように、二〇二〇年の世界の人々の生活は、今よりずっと慎ましやかなものになるであろう」

リーマン・ショック後の世界経済には、すでにそうした動きが見られる。たとえばイギリス首相キャメロンは徹底した緊縮財政と「消費から保存へ」を政策の柱としている。

著者は「かつてアメリカがそうであったような、清教徒的、禁欲的な経済モデルにもう一度戻っていかなければならない」と主張する。ピューリタニズムが中心となる世界はクラッシュ後の生活なのだが、同時にそれがメルトダウンへの準備だとも言う。

イギリス人である著者は「ピューリタニズムに戻るのだ」と言っているけれども、日本で考えるなら二宮尊徳《にのみやそんとく》的な、「薪《まき》を背中に背負って倹約生活をする」というイメージであろう。

二重窓のガラスで仕切られた部屋にクーラーを入れるのではなく、障子や格子《こうし》戸のような、古い知恵を生かした開放的な家で、打ち水によって涼をとるといった、日本古来の伝統的な生活に回帰する。家財道具も必要最小限度のものになっていく。

そのときには土地の価格は、不動産業者たちの暗躍でつり上がったものではなくなっている。そこで人々は農地を買い、林野を買い、持続可能な生活に向かっていく。そして家族や地域コミュニティーの結びつきがもっと価値を持つようになる。そういうふうに人々の心が変わっていくのだ。

経済成長至上主義の経済を、どうやって維持していくかという努力を続けた結果が、ファイナル・

クラッシュだったわけだ。その苦い経験を経て、人々が今までの努力の方向性の過ちに気づいて、心の満足を見いだしていこうとする方向に変わっていくと著者は見るのだ。

もちろんクラッシュしないで経済がソフト・ランディング（軟着陸）し、経済成長が止まって、経済的な満足度から精神的な充実に人々のめざすものが徐々に変わっていけば、それが理想だ。しかし、そううまい状況にはならない。

ハード・ランディング（強行着陸）、それが原著 〝*THE FINAL CRASH*〟の予想するところなのである。

Crash to Crunch

第4章

日本経済の行方

日本の破綻がクラッシュの引き金となる

原著〝*THE FINAL CRASH*〟の著者ヒューゴ・ブーローは、現在までの世界経済の成長がアメリカの国債の大量発行と、民間の住宅ローンやクレジットカードの大量使用、ヘッジファンドによるデリバティブ（金融派生商品）を始めとする水増しされた金融商品の大量流通により、実力以上に膨張させられた結果だと分析している。彼が予言するファイナル・クラッシュとは、何らかのきっかけでその大量の負債の流動性が停止し、デフォルト（債務不履行）が次から次へと起こり、世界の債券市場と株式市場が崩壊する状態を指している。アメリカの国債のデフォルトさえ視野に入っている。

過去数十年、世界の多くの国がアメリカの消費に頼って成長してきた。日本もそうだ。一九五〇年代、朝鮮戦争特需に沸きかえった日本は、第二次世界大戦の荒廃から立ち直った。その後はベトナム特需へと続いた。日本産業は勃興し、多くの製品をアメリカ市場といううわばみのような市場に輸出できた。日本の貿易収支は改善し、膨大なドルをため込んだ。しかしその全てでアメリカ国債を買わされる羽目になった。余った日本円は全て箱物に変わってしまった。

消費大国アメリカは、国としてほとんど稼ぐことなく、お金を使う一方という状態になっていった。この収入と支出の差を埋めるためにアメリカ政府は何をしたか。それは国家としての借り入れである。すなわちアメリカ国債の大量発行である。

ラテン・アメリカ経済が何度も経験したように、政府の負債が大きくなれば普通、その国の金利は上がってくる。というのも、負債が大きくなればなるほど、その国の通貨の価値は下落していくからだ。通貨の価値の下落を止めるには、金利を引き上げざるを得ない。しかし通貨の下落の勢いはそれを上回り、結局は輸入物資の値上がり、すなわちインフレ（物価上昇）を招いてしまう。インフレが起きれば、金利はそれ以上に高くなる。ここまでくると、もはや手のつけられない状態になる。

ところがアメリカではそうならなかった。アメリカとラテン・アメリカの違いは、アメリカがスーパーパワーの国であり、その通貨ドルが世界の決済通貨だという点である。

世界最大の軍事大国アメリカは、消費をしないで貯蓄だけする国、貯蓄して財産運用をするだけの国の存在を許さなかった。働いて貯蓄をし、健全に生きていこうとする国に対しては政治的圧力をかけ、その貯蓄の全てでアメリカの国債を買うように要求した。その典型例が日本である。アメリカは日本に対し構造協議という名目で内需拡大を求めた。余った金は全部アメリカ国債を買えと言った。

結果として、日本で働いて蓄えた貯蓄は全てアメリカ国債に置き換えられてしまった。一見すると資産を持っているようだが、じつはアメリカ国債という紙切れだけがうず高く積まれているだけだ。

また、アメリカがプラザ合意に持ち込んで急激な円高にし、それ以上ドルがたまらないようにさせられた。

そして「内需を喚起しろ、国内需要を喚起しろ」とアメリカから指示された政府が国民の消費をあおり、バブル経済に突入し、やがてそれが崩壊する。その結果として、日本はついに「失われた二〇年」という不幸な時代に入る。それら全ては、唯々諾々とアメリカの政策に従ってきた結果なのである。アメリカ国債の最大の買い手であった日本は、こうして没落した。イギリスが昔中国に買わせたアヘンと同じである。そうして清朝は没落した。

一方で、アメリカにとって幸運なことに、日本に代わるアメリカ国債の新たな買い手が現れた。中国である。

アメリカが好景気を謳歌《おうか》していた時代「アメリカの最大の輸出品は空のコンテナ船である」とジョークを言われるほど、アメリカは中国から大量の物品を輸入した。アメリカから中国への帰路は、空のコンテナを積んでいるだけだった。これは中国に巨額の貿易黒字をもたらし、アメリカ国債を買う力をつけた。中国政府は断固として人民元の切り上げに応じていないが、それによって輸出産業による貿易黒字を維持し、稼いだドルでアメリカ国債を大量に買い付けている。この構図において、二〇〇〇年代の中国は一九八〇年代までの日本と少しも変わらない。

二度にわたる石油ショックで石油資源を国有化した産油国も、高騰した石油をアメリカに売ることで、膨大なドルをため込んだ。アメリカはここでも圧力をかけ、石油利権を持つ独裁者たちを軍事的に保護する一方で、彼らがアメリカ国債やアメリカの武器を買うように仕向けた。

このようにして国外に流出した大量のドルはまたアメリカに還流し、アメリカ国内で消費中毒に陥ったアメリカ人に使われることになった。

中国や日本がアメリカ国債を買い続けたことによって、アメリカ国債の価格は比較的高く、金利は低く維持された。それによりアメリカの長期金利も低く抑えられたのである。

しかし、ここにきてアメリカ政府の二枚舌が明らかになってくる。アメリカ政府の「中国は人民元の為替レートを上げろ」という発言は、じつはうわべだけの声明で、本当は今の状態のほうが居心地がいいのだ。本音は、中国にいつまでもアメリカ国債を買い続けてもらいたいのである。買ってもらうためには、中国にドルを稼いでもらわねばならない。そのために安い人民元を利用してアメリカ市場にものを輸出し、輸出代金をアメリカから受け取ってもらう必要がある。

アメリカ政府は人権問題について中国共産党を責めているが、本音は中国共産党にずっと居座っていてほしい。そして、いつまでも人民元を管理し続けてもらいたいのである。安い中国製品が世界中にあふれかえろうと、中国がドルを稼ごうと、問題はない。そのドルを全てアメリカ国債で吸い上げてしまえばいい、というのがアメリカの本音である。中国というATM（現金自動出入機）のキャッシュカードは、アメリカだけが持っているのが都合がいいのである。

ところがアメリカの、そして世界経済の繁栄を支えてきたこのシステムに、ほころびが見え始めている。

二〇〇八年秋のリーマン・ショックまでの世界経済は、アジアの経済成長とアメリカの消費という二つのエンジンで好景気を享受していた。しかし、今やアメリカの消費は低迷している。アジア新興国の成長という片肺飛行で、世界経済はかろうじてもっている。

二〇一一年の今、ユーロゾーンの危機は燎原《りょうげん》の火が広がっていくようにギリシャ、ポルトガルを飲み込み、今やスペインとイタリアに拡大しようとしている。アメリカは雇用不足に苦しみ、日本は震災で壊滅的状態にある。唯一の世界経済のエンジンである新興諸国は、どこもインフレを抑えるのに手一杯である。世界経済の歯車がこれほど狂い始めたことは、かつてない。イタリアがユーロに入ったときに、誰が今のユーロ危機を予想し得たか。

二〇一一年六月、ＢＩＳ（国際決裁銀行）の総支配人であるハイメ・カルアナは全世界に向けて警告を発した。

「各国が成長志向に走り、成長を後押しするために著しい低金利を長期間続け、各国の中央政府が国債による借り入れに走り、発行した国債を中央銀行が所有している金融機関から買い取るといった政策は、早急に変更する必要がある」という内容である。

歳出が多く歳入が少ないことを「ワニの口が開いている」と言うが、カルアナはそうした成長政策を「維持不能な成長」と断定し、各国政府は歳入と歳出との不整合を直ちに修復する必要があると述べた。とくに、アメリカのＦＲＢ（連邦準備制度理事会）の金融緩和政策を批判する内容と言っていい。

先進国における過剰な金融緩和の影響は、世界的なインフレとなって表れている。とくに食糧、エネルギー、鉱物資源といった商品価格の急騰だ。これらは全て〝*THE FINAL CRASH*〟で予測されたものであり、各国政府が国債という負債を作って大量の紙幣をばらまくことによって維持してきた成長政策が、もはや継続不能となってきたことの予兆である。

今のところ、世界経済がもたつきながらも、なんとか破綻《はたん》しないですんでいるのは、溺れる人間が波間に首を出している状態だと考えていい。アメリカ国債のデフォルトの文字がメディアに躍るなど、誰が予想し得たか。しかし二〇一一年七月のメディアにはその文字が躍っている。二〇一一年八月には歴史上初めてアメリカ国債がトリプルAのステータスを失った。

著者ヒューゴは、ファイナル・クラッシュの主因を大西洋両岸のヨーロッパ（イギリス）とアメリカの浪費型経済システムと見ている。まずアメリカ、そしてイギリスを含むヨーロッパが完全な機能不全に陥って、日本を含むアジアも経済的な破局に巻き込まれるという見通しだ。しかし、今の日本経済を振り返れば、アメリカ以上に借金頼みのいびつな形となっていることは疑いない。

アジアの成長が止まることも、あるいは崖っぷちで踏みとどまっているアメリカとヨーロッパの経済が足を滑らせて恐慌状態に転がり落ちることも、世界経済全体がファイナル・クラッシュを迎える引き金となるだろう。

そして、世界にはもう一つ、大きな危険要因が存在する。日本である。

私の予想では、日本政府はもう一段階の格下げにあい、アメリカ政府に先駆けて財政破綻する。そしてその後、日本に引きずられてアメリカとヨーロッパ諸国も同じ道をたどることになる。アメリカ先行ではなく、日本がアメリカを引きずり下ろすのだ。

この点が著者ヒューゴと私の見解の相違である。もっとも違いといってもシナリオが違うだけで、最終的な結末は大差はない。

以下では、私が予想する「日本が先導するファイナル・クラッシュ」のシナリオについて説明していこう。

世界が懸念するジャパン・プロブレム

日本経済の抱える問題を、世界では「ジャパン・プロブレム」と呼んでいる。懸念されているのは、日本政府の財政状況である。

日本政府の負債は、財務省の発表によれば二〇一〇年度末で九二四兆円。ＯＥＣＤ（経済協力開発機構）の推計では、二〇一一年にもＧＤＰ（国内総生産）比で二〇〇％を突破し、さらに今回の震災の復興費用により二三五％になると言われている。また、政府の歳出が税収の二倍を上回っている。そういう国は長くは続かない。しかも日本政府はこれから震災復興を理由として、今以上に支出を増やそうとしているのだ。

日本では報道されていないが、海外では今や日本政府の財政破綻こそ、世界経済の最大の懸念事項なのである。ＩＭＦの発表を見ていても、東日本大震災は世界経済の撹乱《かくらん》要因、危険要因とみなしている。ただでさえ弱っていた日本経済を震災が破綻させ、それがさらに世界経済のメルトダウン（溶融）の引き金を引くことを、欧米先進諸国は恐れている。震災後に行われたＧ20（主要二〇カ国・地域）の会合でも、その方向でミーティングが進行していた。

ジャパン・プロブレムの根本原因は、二〇年間にもわたる日本の民間経済の不振を、政府が財政支出の増加でカバーしようとしたことだ。これにはコインの裏と表という両面がある。「失われた二〇年」と言いながらも、そこそこ日本が生き残ってきたこと。それは政府の財政支出の拡大によって支えられていた。これがコインの表面である。コインの裏面は、その財政支出の拡大が日本経済を破綻させ、ひいては世界経済のクラッシュの原因となりかねないという問題だ。

なぜ日本経済は二〇年にもわたる不振に陥ったのか。これについては世上、金融システムの問題、中国の工業化などさまざまな理由があげられているが、私見では第一の、かつ最大の原因は日本社会の少子高齢化である。

日本は人口が減少している。とくに労働人口が減り、老齢者人口が急速に増加、ものづくりの競争力も喪失している。大震災、原発事故というのは想定外の問題なのだが、日本経済衰退の根本には少子高齢化があり、これは変えられない。人口増を前提とした高度成長期型の経済モデルは、もはや維持不可能なのだ。

この根本的な問題がここ二〇年間、それほど表面化せずにやってこれたのは、アジアの経済成長とアメリカの過剰消費という外部要因のおかげである。だが、日本経済を支えていたこの二つのエンジンが今、まさに止まろうとしている。それにより、ジャパン・プロブレムがあらためてクローズアップされている。

アメリカ政府の場合、累積赤字はGDPの九四%程度だが、その負債で議会で大騒ぎになっている。

アメリカではＦＲＢ（連邦準備制度理事会）が「ＱＥ２」と呼ばれる量的金融緩和策の第二弾を実施し、約六〇〇〇億ドルの資金を市場に供給した。アメリカ政府が発行した大量の国債のうち七割をＦＲＢが買い入れたのだ。これによって国債発行金利の上昇を未然に防いだ。

アメリカでは九四％で騒いでいるのに、なぜ日本では二〇〇％にもなって平然としているのだろう。

一つはアメリカ政府の財政規律は非常に厳しく、一方の日本政府には財政規律がないという違いがある。アメリカは国債発行残高がＧＤＰ比七五％程度のときから大騒ぎを始めたが、日本政府は逆に、累積赤字がＧＤＰ比で七五％から一〇〇％ぐらいになった時点で赤字国債を解禁してしまった。以来、日本では財政規律が完全に消えたのだ。

財政規律が日本に比べてはるかに厳しいアメリカですら、原著で引用しているコトリコフ教授によれば、「ベビーブーマーの引退を考えれば、アメリカ政府の財政はすでに破綻していると考えられる」という。同じ視点で見れば、日本でも団塊世代が本格的引退に入っている。働かないで年金に頼る人口が急激に増える。日本政府はすでに財政破綻していると言っていい。

つまり確かに私たちの通帳には残高が印字されているけれども、もし日本人全員がそれを引き出そうとしたら、「いいえ、お金はありません」という話になるのだ。じつはもう、政府が使い尽くしてしまったからである。まさに国債とは形を変えた重税なのだ。

日本の国債がクラッシュしない理由は、最後のよりどころとして経常収支が依然として黒字であることだ。中国など新興国の台頭により、日本の貿易黒字は減りつつある。が、日本はこれまでの対外投資によるリターンがあるために、経常収支全体ではまだ黒字なのだ。そこはいわば過去の貯蓄の部分であり、そのために国としてのリターンが確保できている。それによって国債もかろうじて暴落しないで保たれている。

しかし二〇一一年三月以降、東日本大震災によって日本の輸出は大きく減り、貿易収支はガクンと落ち込んでいる。そして貯蓄率が急速に低下しており、貯蓄のない世代もどんどん増えてきている。頼みの綱であった経常収支の黒字も、いつ赤字に転ずるか予断を許さない。

日本の場合、軟着陸というのは不可能だ。アメリカ政府のように、累積赤字がもっと少ない時点で大騒ぎして減らす努力をしたならともかく、実際にはあっさり一線を越し、そうしたら感覚がまひして、完全に財政規律をなくしてしまった。ここまで財政が悪化してしまうと、元に戻すのは無理だ。

私は二〇一一年初頭出版の前著『日本国債　暴落のシナリオ』（中経出版）の中で、日本国債暴落の原因となる可能性の一つとして震災をあげた。今回の震災前に出した本だが、今もその説は正しいと思っている。赤字がＧＤＰの二〇〇％にもなったところで、地震で膨大な損害を受けた。さらに原子力発電所の事故まで発生した。東京電力の賠償金がいくらになるのか、全く読めない。

福島原発事故による東京電力の補償金のために、特別目的会社を作り、その社債を発行して資金を調達し、原発事故の被害補償に当てようということになっている。その社債は市中で発行するという形になるだろう。だがそれも、じつは形を変えた国債なのだ。政府が保証をつけなければ売れない。ところがその日本政府が国債の借金地獄に陥っているわけだから、この原発事故の補償問題は一歩間違えば、膨らんだ風船に突き刺さる針となり、それによって政府の財政が爆発する恐れがある。

不思議なことに、これだけ「危ない、危ない」と言われ続けていても、日本国債の金利はまだ低いままにとどまっている。なぜそうなるのかは、国債を買っているのが誰なのかを分析すれば見えてくる。

日本国債の大口の買い手は日銀とゆうちょ銀行・かんぽ生命保険、それに日本年金機構である。この政府系金融機関の三つが買えなくなったら、国債市場は破綻する。その時期はもう目前に迫っている。

年金機構については、もう買う余力はない。それどころか、これからは持っている国債を売っていかなければいけない。年金の支払いに充てる原資がないため、資産を取り崩さなければならないからだ。ゆうちょとかんぽは、これからは取り崩しのラッシュになるだろう。震災被害者たちが貯金を取り崩さなければいけないからだ。加えて老齢化した農村人口の大半の貯金者も取り崩すのみだ。

こうして見ると、どう分析しても「これ以上はもたない」という結論になる。国会では「震災復興のために国債を発行して、それを日銀が引き受ける」などという議論もあるが、もはやクレージーと言うしかない。通貨を発行する銀行が国債を引き受けるということは、市場における日本国債の信認がないことを意味する。一時的に紙幣は増刷されるけれども、それは通貨を改鋳して貴金属の割合を引き下げ、信用喪失を招いてローマ帝国を滅亡させた皇帝ネロと同じである。

こういうその場しのぎの行動の行きつく果ては暴落しかない。軟着陸など無理な相談である。

日本を切り離したいアメリカ

日本政府の財政問題というジャパン・プロブレムは、世界経済のエンジンのスパークプラグ（点火装置）を詰まらせかねない。アメリカのガイトナー財務長官も中国の胡錦濤《フーチンタオ》国家主席も、「ジャパン・プロブレムが地球経済規模での大津波になるのではないのか」と危惧している。

なぜ、彼らはそんなに心配をするのだろうか。

よく知られているように、日本国債は発行残高の九五％を国内で消化している。日本国債を持っているのは日本の民間金融機関ばかりなのだ。であれば、日本国債に何が起きたとしても、海外の金融機関は傷つかない。別に心配しないでもよさそうなものだ。

ところがじつは、そうはいかない事情があるのだ。日本政府は巨額のアメリカ国債を保有しているのである。それは外為特会（外国為替資金特別会計）と呼ばれる日本の外貨準備である。財務省の発表によればその額、一兆ドル以上。日本円にしてざっと一〇〇兆円に達している。日本政府は、この外貨準備の多くをアメリカ国債で運用している。今のところそれを売る予定はない。もし売るとしたら、為替市場で大量のドル売りをかけることになり、それでなくとも問題になっている円高ドル安を加速させてしまう。

しかし、日本国債の価格が暴落し、借り換えのために新たな国債を発行しても買い手がつかなくなってしまったらどうなるか。借換債が市場で受け入れられなくなったら、償還期限を迎えた国債をデフォルトにしないために、政府は何らかの形で資金を入手しなくてはならない。

浮上してくるのが、一〇〇兆円にのぼる外貨準備を取り崩す、というアイデアである。大部分をアメリカ国債で運用している外貨準備を取り崩すということは、つまり「アメリカ国債を市場で売却する」ことに等しい。

一兆ドルものアメリカ国債がいきなり市場で売りに出されたら、アメリカ国債市場はどうなるか。こちらも日本国債と枕を並べて暴落するしかない。つまり日本の国債が暴落したとしたら、それに引きずられてアメリカの国債まで暴落する恐れが強いのだ。

東日本大震災の直後、国務長官のヒラリー・クリントンが来日したのも、福島原発問題や震災のお見舞いではなく、「危機だからといってアメリカの国債を売るなよ」と釘《くぎ》を刺しに来たのである。これは知る人ぞ知る事実である。日本国政府はそれに従うしかない。日本の保有するアメリカ国債は売却が実質的に禁止された債券なのである。しかし、財務相が売りたいと発言することは自由である。

日本の財務相の発言によりアメリカ国債が暴落したら、世界中がパニックになる。まさに原著の予想するファイナル・クラッシュが目の前で展開することになるだろう。アメリカは自国の国債と日本国債とが連動する形で崩壊していくことを、なんとしてでも食い止めなければいけない。これはFRB議長のバーナンキも、財務長官のガイトナーも同じ意見だろう。

残された手段は一つしかない。世界経済から日本を切り離すことだ。アメリカと日本が共倒れするわけにいかないから、片方を安楽死させるのだ。もちろん、死ぬのは日本ということになる。

財政危機の連鎖については、ヨーロッパでそのミニ版が起こっている。ユーロ圏の一員であるギリシャの財政危機問題が南欧諸国にまで波及し、ユーロ建て国債市場が混乱に陥ったのだ。ヨーロッパではこのソブリン危機の拡大を食い止めるために、ギリシャをいかに切り離すかを模索している。ドイツが「ギリシャの債務を再編すべきだ」と言っているが、これはつまりギリシャ国債のデフォルトを認め、実質的にギリシャをクラッシュさせてしまおうという提案である。

しかしそうなると、ギリシャに貸し込んでいたEU（欧州連合）諸国の銀行が膨大な損害を負う。言い換えれば、そこまで見捨てる腹づもりだ。ドイツやフランスは、スペイン、イタリアは助けても、ポルトガルまでは見捨てる気でいるように見える。

本来、スペインもポルトガルもさして変わらない財政状況なのだが、ギリシャの財政危機をEU全体のシステムフェイリャーという多臓器不全にならないようにするためには、EUの中心諸国ではなく、EU周辺諸国のみの問題というレベルにとどめる必要がある。EUの中心のドイツとフランスから見れば、スペインもイタリアもポルトガルも、アイスランドもギリシャも辺境なのだ。

EUのソブリン危機はヨーロッパの話だが、世界経済の中心国というとアメリカである。そして今や、中国もアメリカと経済的なバンドである「チャイニーズ・ランドリー」で結ばれている。クラッシュを世界規模の大問題にしないためには、連鎖的な破綻を中国とアメリカから見たときの周辺諸国に封じ込めておく必要があり、その周辺国には日本も含まれるのだ。

日本をいかに安楽死させるか

二〇一一年五月下旬、アメリカの下院の外交委員会で、「ジャパンリスク」という名の小委員会が開かれ、そこに日本の大使が呼ばれた。アメリカ議会では、日本国債はいつ暴落するか、そのときにアメリカとしてどう対応すべきかという問題を、公式に研究しているのである。

誰が見ても、日本政府の財政破綻そのものはもう防ぎようがない。それは日本経済全体に波及する。日本にとって大震災以上の津波が押し寄せてくる。アメリカ政府にしても議会にしても、そのときどうやってアメリカ経済を日本政府の破綻から切り離し、日本を単独で安楽死させるか、そのためのメソッドを真剣に研究しているのだ。

彼らは、どうせ型通りの発言しかしない日本の大使から何か意味のある話を聞けるなどと思ってはいない。日本経済の先行きについて、アメリカ政府ではすでに彼らなりの崩壊のシナリオを描いているはずだ。その内容を再確認する一環として日本の大使を呼んだのだろう。

ジャパン・プロブレムに関心があるのは、アメリカ議会だけではない。アメリカ政府としても、日本政府の財政破綻の可能性については十分にチェックし、いつ何が起こるかも予想した上で、どう行動することが自分たちにとってベストであるかをあらかじめ考えているだろう。そうしたリスク管理の姿勢では、アメリカは官民とも日本のはるか先を行っている。

日本を単独で安楽死させる方法として、どのような形が考えられるだろうか。

一つは日本の国債の格付けを一気に一～二段階下げてしまうやり方がある。寝耳に水のデフォルトでは世界経済が混乱する。しかし「投資不適格」レベルにまで格下げをした後でなら、日本国債がデフォルトしても「やっぱりね」ということになり、市場の動揺も抑えやすい。

格付け機関であるスタンダード＆プアーズ（S＆P）もムーディーズもアメリカの会社だから、今後はその評価に政治的な意図が込められてくる可能性はある。つまりアメリカに甘く、日本に厳しい格付けを行い、「アメリカ国債は日本国債とは違うよ」とアピールするというわけだ。現にS＆Pは立て続けに日本国債の格下げをしてきた。格下げし、さらに下方に向かう可能性が高いネガティブに変えている。今のところは日本の国債はほとんど日本の金融機関が買っているため、国際的な格付けも国債価格や発行利回りにはあまり影響はしていないが、これ以上格下げになったときにはわからない。

現在一・一％ほどの国債発行金利が、一・六％を超え、二％近くに達する可能性もある。市場における国債の価格がそれだけ下がると、日本の長期金利が上がってくる。そのまま発行金利が上がり続けて、五％になったら何が起こるだろうか。

発行金利五％というのは、世界的に見ればごく普通の水準である。ギリシャなどはとっくに一〇％を超えている。ところが日本の場合、すでに一〇〇〇兆円近くある累積債務に五％の利子が発生すると、単純計算で毎年五〇兆円の利払いが生じる。二〇一〇年度の日本政府の税収は四一・五兆円しかないから、税収を全額国債の利払いに当てても九兆円も不足する計算になる。サラ金地獄だ。

借金の利息だけで国家収入の全てが消えるとなると、行政機能は完全に失われてしまう。国家公務員の給料は未払いとなり、公共工事の代金支払いもストップする。年金財政へも医療保険へも、一円の補助も出せなくなる。それもこれも、長期金利にかかっているわけである。

このとき、日本の国債はほとんど日本人が所有しているから諸外国は傷がつかない。だから、諸外国からの助けは全く期待できない。日本政府がデフォルトしたとなれば、どの国もその余波が自分たちに降りかからないように払いのけることで必死だからだ。倒れていく国に対しては、仲間でない限り救助の手は差し伸べられない。その仲間を作ったのがEUなのだ。しかしそのEUですら、ECB（欧州中央銀行）に事実上全ての救済資金を供給しているドイツは、ギリシャやポルトガルを助けたがらない。

国と国との間の関係とは、カオスなのだ。ルールはなく、弱肉強食だ。日本人はそこに何かルールがあるように思っているのだが、そういう捉え方自体が間違っている。アメリカからすれば、日本にクラッシュが起こっても、絶対にその段階でとどめておきたいはずだ。その際、日本国債の九五％は日本人が所有していることは好都合だ。

だが、この本の著者によれば、そんなことではファイナル・クラッシュは防げない。アメリカ自体が放っておいてもいずれ単独でクラッシュするという予想だ。それほどアメリカ経済の基盤ももろくなっている。

となれば、アメリカの政府と議会、ＦＲＢがいかに日本の切り離しに動いたとしても、市場はその努力のかいもなく、パニックに陥る可能性が高い。そのときこそ、日本のクラッシュが世界のファイナル・クラッシュの引き金となるだろう。

危機管理不在の日本

アメリカは日本政府の財政に危機感を抱き、独自の調査を行って危機管理に余念がない。それなのに、肝心の日本の政治家たちには、政府財政についての危機意識がきわめて希薄だ。歳出削減よりも消費税や所得税、相続税を増税すればしのげると思っている。

こうした点は、政治というより日本の大組織に共通の欠陥かもしれない。日本の組織文化には危機管理の思想が欠落しているのだ。

福島原発の問題を見ても明らかなように、一国の政府は災害や戦争など想定外の事態をあらかじめシミュレーションして、必要な対策を講じておかなければならない。そうすれば、いざというときに国民の被害を最小限にとどめることができるし、結局は安くつく。原子炉がメルトダウンしたことで三兆円、四兆円というお金がかかるなら、たとえ数千億円かかったとしても、原発の周りに二〇〜三〇メートルの防波堤を造っておけば、周辺の住民にも迷惑をかけなかったはずだし、安上がりだっただろう。それが賢い国家運営というものだ。

一つ事故があったからといって、浜岡原発のように運転中の原発を止めたり、検査中の原発の再稼働を大臣が要請する一方で、首相が突然「ストレステスト（耐性評価）を実施する」と言い出したりする迷走ぶりにも、何をか言わんやである。

あらかじめ何も考えていなかったので、事故が起きてから泥縄で命令を発し、政治的得点を稼ごうとしたのだろうが、そんな場当たり的な思いつきで、国家の興廃にかかわるエネルギー問題に対処するのは、愚策としか言いようがない。

日本における危機管理文化の不在は、政府に限らない。東日本大震災と前後して顕著になっているのが、大企業におけるシステムフェイリャーである。

第一に、みずほ銀行で決済が不可能になったシステム障害がある。東日本大震災の義援金口座に大量振り込みがあったことをきっかけに発生し、大規模な為替処理の遅延、ＡＴＭや店舗業務の停止など、一〇日間にわたりトラブルが続いた。遅延した為替処理は合計二〇〇万件にも達するという。みずほはその原因として、システムの処理上限を一九八八年のシステム稼働以来見直していなかったこと、コンテンジェンシープラン（トラブル発生時の行動計画）に不備があったこと、オペレーションミスが多重に発生したこと、などと説明している。

第二は、ソニーの顧客情報流出である。プレイステーション・ネットワーク（ＰＳＮ）はハッカーの攻撃に遭い、約七七〇〇万人のＰＳＮ会員全員のクレジットカード情報などが盗まれた。また、アメリカの子会社でパソコン向けオンラインゲームを運営していたソニー・オンライン・エンターテイメント（ＳＯＥ）からも、約二四六〇万人分の個人情報が流出していた。合わせて一億人分を超える会員の情報が流出してしまったのだ。ソニー側はシステムの脆弱性《ぜいじゃく》を突かれたと発表したが、クレジットカード情報が暗号化されずにサーバー内に保管されていた初歩的な管理ミスの疑いもあり、事実についての情報開示が遅れたことと併せ、強く非難される結果となった。

この二つのシステムフェイリャーは、いずれも震災と時を同じくして起こっている。そのため日本ではそれほど話題にならなかったのだが、外国人にとっては「ああ、こりゃダメだ、この国は」と感じる大事件である。大銀行がシステムフェイリャーを起こし、一週間以上にわたってまともに取引ができないなど、世界の常識ではあり得ない。「預金封鎖の予行演習のようだ」という説も出たぐらいひどかった。

アメリカの三大銀行、バンク・オブ・アメリカ（バンカメ）、ＪＰモルガン・チェース、シティバンクの一つでも一週間取引できなくなったら、いったい何が起きるか。グーグルにはソニーをはるかに超えるユーザーがいるが、そのうちの一億人のクレジット情報が流出したら？　いずれも会社の存続にかかわる問題になる。だからこそ彼らは、そういうことがないシステムを構築している。

ソニーの問題は、日本のシステムエンジニアが開発したセキュリティーである。攻撃に対して脆弱なシステムを開発していたことが今回、明らかになった。みずほのトラブルは合併を繰り返した結果とも言われているが、合併でシステムに問題が出ることなどわかっていたはずだ。今までそれに正面から向かい合ってこなかっただけだ。いずれも危機意識が圧倒的に不足している。

日本国債についても、発行する側の政府はもちろん、買っている側の金融機関も、いざとなったときの対策など何一つ考えていないはずである。考えていたら、恐ろしくて日本国債を買い続けることなど絶対にできない。

今は金利が低いまま推移しているから、何も考えずに国債を買っているが、いざ金利が急上昇を始めたら、政府のみならず市場関係者全員が周章狼狽《ろうばい》するのは目に見えている。

少子高齢化は防げない

日本政府の財政問題の原因が日本経済の不振にあり、その不振の原因が少子高齢化にあるとすれば、この問題をなんとか解決できないものだろうか。

現実には、解決策は誰も提示できない。人口動態の問題は一夜では変えられない。今さら少ない子供を増やすことなどできない。出生率を大きく上げることも難しい。人口増加策や移民政策には社会的な問題が多すぎるのだ。アメリカのように六〇代、七〇代の現役社員というのも定年制の日本では不可能だ。

女性にいくら「子供を産んでほしい」と言っても、将来に希望が持てない状況下で期待するのは難しい。フランスでは人口が増えているというが、そのほとんどは移民だ。ドイツも同じで、トルコ移民、アラブ移民が多い。

日本は移民は受け入れていない。移民政策については、治安の問題であるとか、単一民族意識の強い日本人はもともと移民を嫌うとか、いろいろな理由があっていまだに導入できないでいる。観光客については、中国人向けのビザ（査証）の要件が緩められ、結果として相当な数が入ってくるようになってきたが、移民をたくさん入れるという考えは官民ともに全くないように思われる。

「日本に住んでいる外国人は、震災後もそのまま残りたい人が九割」という新聞記事があったが、そう答えている人たちは移民ではない。在日外国人、すなわち日本で生まれた、日本人たる外国人なのだ。私の場合は「ユダヤ人たる日系人」だが、いわゆる在日の人たちは私とは逆で、「日本人たる外国人」と言っていい。移民とは「外国人たる外国人」が、この国に入ってくる問題である。今の日本ではそれはゼロに近い。

今、ドイツでもフランスでも、トルコやアフリカからの移民が大きな社会問題になっている。スイスなどはフランス語の試験を非常に厳しくして、フランス語がある程度話せないと長期居住のビザを認めない方向になってきた。アラブの女性が公共の場でベールを被ることを法律で禁止する国もある。今後はドイツもその方向に向かっていくのではないだろうか。そうした文化的な衝突が起きるぐらいの数の移民がいないと、少子高齢化の問題は解決できない。日本では到底、無理だろう。クラッシュは避けられないという結論に、どうしてもなってしまう。

「ソフト」の芽をつぶす日本

むろん少子高齢化以外にも、日本経済がふるわない原因はいくつか考えられる。その一つが、ものづくりにこだわりすぎることだ。

私が主宰する勉強会で、日本ＩＢＭの椎名《しいな》武雄《たけお》元会長に世界の産業構造について話していただいたことがある。椎名氏は、縦軸にローカルとワールドワイド、横軸にソフトとハードという線を引いて、産業を四つの部分に分けた。そして「日本の経済モデルはハード×ワールドワイドか、ハード×ローカルばかりだった」と指摘した。端的に言えば「ソフト」が存在しないというのだ。

日本の携帯電話業界はガラパゴスと呼ばれていて、世界標準とは全く異なっている。これはハードであり、ローカルな産業と言える。パソコンの世界でも、ＮＥＣが日本語を使えるパソコンを作り、世界標準であるＩＢＭ製のパソコンは当初、英語でしか使えなかったために、日本市場には全く入れなかった。つまり日本のパソコン産業もハード×ローカルマーケットだった。

ところが「ＭＳ－ＤＯＳ」という新しいオペレーションソフトができて、日本語環境もＭＳ－ＤＯＳ上のアプリケーションソフトで扱えるようになった。この技術進歩により、日本独自のガラパゴスパソコンは消滅してしまった。本家ガラパゴスである日本独自企画の携帯電話も今、アップルのアイフォーン（iPhone）やグーグルのアンドロイド（Android）などのスマートフォン（多機能携帯電話）

の登場で消滅の危機に立っている。

ハードの中でも、ソニー、トヨタ、ホンダのようにワールドワイドになった企業もある。しかし椎名氏の見立てでは、ハード×ワールドワイドの産業モデルの場合、世界中からいくらでも競争者が出てきて、やがてはダメになっていく。ソニーは韓国のサムスンにやられ、トヨタもホンダもおそらくヒュンダイにやられるのではないかと言うのだ。

日本は高度成長期に製造業で成功したわけだが、一つ見落としていたことがあった。国際競争である。製造業は国際競争に最もさらされやすい。

ハードの製造業界は、どこでも世界的に過当競争となっているから、競争に後れをとらないためには次々と生産設備を更新する必要がある。ところがそちらに資金を投じてしまうと、最先端の研究開発投資は後回しになってしまう。その両方を一社でやろうとしている日本は、研究開発に特化しているアメリカ、製造に特化している台湾・中国に対抗できない。

今のアメリカ企業の代表というと、グーグル、フェイスブック、マイクロソフト、アップル、アマゾンといったところだ。このうち製造業はアップルだけだ。そのアップルにしてもハードからアイクラウド（iCloud）、アイチューンズ（iTunes）といったソフトに転換しつつある。ハードの部分ですらアップルの「iPhone」を開けるとほとんど台湾や韓国のメーカーに作らせている。要するに、アップルの独自性はソフトウエアなのだ。タッチパネルになった画面で全てが直感的に操作できるようなあのソフトウエアだけはアップルが作っている。それで世界を制覇してしまった。今やアップルはエクソンをしのぐ世界最大の時価総額を誇る。

その他の企業は、グーグルもフェイスブックもマイクロソフトもアマゾンも全て、ハードではなくソフトで勝負している。IBMにしても、かつてはハードの会社だったが、今では完全に業態を転換し、ソリューション（問題解決）サービスで利益を上げる会社になっている。つまりアメリカのIT（情報技術）産業は全て、「ソフト」で成功しているのである。

では、なぜその方向に日本は行かなかったのか。

椎名氏はこの問題について「日本はやはり士農工商の世界だからではないか」と言っていた。これには私も同感するところがあった。

「工」はものを作って売って金儲《もう》けする。実体があるわけだ。しかし日本人にとって「商」とは、中身はなくて金儲けだけをする世界であり、「虚業」という感覚がある。そして日本人にとって「工」はハードに限られる。ソフトウエアとなると最底位の「商」の領域なのだ。

日本の「商」たちもお金儲けをしているが、「工」から見ると何か胡散《うさん》臭い。

「設備投資してものを作ることもせずに、汗をかいてものづくりしている自分たちよりも儲けているとは、けしからん」

そんなムードが非常に強く、そのために日本には知識集約型の産業が育たないのだと、椎名氏も言っていた。

リクルートの江副浩正《えぞえひろまさ》元社長に対してもしかり、ソフトウエアやインターネットで有名になったホリエモン（堀江《ほりえ》貴文《たかふみ》）のような若い連中に対しても、「金儲けばかりの胡散臭いヤツ」という目で見て、のさばってきそうになるとその芽をつぶしてしまう。こんなことをしている限り、ソフトウエアは産業として大きくならない。

衰退する「農」「工」、仲間はずれの「商」

日本は終戦後からバブル崩壊までずっと、「国際競争に勝つためには、自国のマーケットを開放しないで産業を育成すればいい」という方針でやってきた。私はかつて通商産業省、今の経済産業省に在籍していたが、その当時にやっていた政策がまさにそれであった。

戦後、日本ではアメリカやヨーロッパの車に高い関税をかけ、国内でほとんど売らせなかった。その間に自動車産業を育成した。自動車だけではなく、全ての産業がそうだったのである。

私が官僚として通産省に入ったときには、「ミシン産業の育成」が重要な課題だったものだ。当時の日本は機械工業の初期の段階で、ミシン産業は国際的に遅れていた。そこでアメリカのシンガーミシンなど世界大手に対しては高い関税をかけ、できるだけ国内に入れさせないようにし、その間に日本のミシン産業を育成していった。

当面それで成功したのだが、その後にどうなるかという点までは考えていなかった。「自由貿易協定の流れは変えられない。いずれは関税を下げさせられる羽目になる」とか「日本の後からは、日本の成功に学んだ新興国が競争相手として出現する」ということを、見通せなかったのだ。

賃金の安い新興国とものづくりで競争したら、経済成長した日本はコストで勝てない。結局、生き残りのためには日本から出て、新興国に工場を建ててそこで生産するしかない。日本から逃げ出さなければ生き残れない産業に国づくりを頼っていても、そんな国には未来はない。

こうして「工」が衰退していった日本だが、「農」はそれ以上に衰退が著しい。「農工商」とある産業の中で「農」は最も上位にあって発言力が強かったから、農業製品は工業製品以上に厳重に保護が図られた。今でも農産物については関税が非常に高いままになっている。だが保護産業になると、国際競争力は失われる。この先、環太平洋戦略的経済連携協定（TPP）などで関税を下げさせられたら、競争力のない日本の「農」も終わりだろう。現状を見ても、農業に従事している人はお年寄りばかりだ。若い人は寄りつかない。若者が保護された弱小産業に魅力を感じないのは当然である。農業就業人口はこの一〇年間で一〇〇万人減少し、今は二九〇万人ほど。平均年齢は六六歳だという。お年寄りばかりでは、どうしてもこの産業の行く末に悲観的になる。

お年寄りばかりが増えているのは、農業だけの話ではない。

日本で私の主宰する勉強会（www.marunouchisquare.com）がある丸の内のあるビルには、ある高級クラブがある。平均年齢八〇歳ほどの、多くが高級官僚の退職者という会員制クラブである。ここは会員資格を持った紹介者が二名いないと入れない。紹介者が二名とも元高級官僚となれば、そういう人たちがホリエモンみたいな胡散臭いベンチャー創業者などを紹介するわけはない。当然ながら、新入会員も多くが高級官僚の退職者ばかりとなっている。

今、既存の会員も新入会員も元高級官僚が多いというこのクラブが困っている問題は、新規会員数の減少と既存会員の高齢化だという。まさに今の日本と同じ「人口減少」「少子高齢化」の悩みである。「移民はイヤだ」「外資は来るな」「行儀の悪い若者は来るな」と言って、自分で自分の首を絞めている日本の縮図と言えるかもしれない。

要するに、今の日本は国全体がこのクラブみたいなものなのだ。

金融産業をいじめすぎた日本

ソフトに対して偏見の強い日本人だが、そのソフトの中でも金融については、特別に強い嫌悪感を持っているように思われる。なぜ日本では製造業は成功するのに、金融業はだめなのか。やはり日本人の頭の中には、今も「士農工商」が生きているのだと感じる。

現代の職業に置き換えると、「士」は官僚、「農」は農民である。「工」つまり製造業がその次に来て、「商」はソフト関連や金融業で、最もお金が儲けられる産業にもかかわらず、その地位は今も最も低い。そこに政策の光を当てようという雰囲気は、これまでの日本ではなかったのだ。「のさばらせないよう縛り付けておけばいい」という考えだった。金融庁が箸の上げ下げまで口を出し、がんじがらめにしている。

ソフトウエアですら「虚業」と見られるほどであるから、まして金融産業の育成にお金が使われることに対し、日本では反対が強い。だが、新しい日本の形を考える上では、やはり金融、銀行・証券会社を国の基幹産業に持ってくる必要がある。

アジアでは今、日本より一人当たりの国民所得が高い国が一つある。

シンガポールである。

シンガポールがここまで経済的に成功したのは、金融産業を育ててきたからだ。シンガポールが展開している国際ファイナンシャルセンターというスタイルは、さまざまな産業構造の中でも最も収益性が高い。公害も出さずに、巨額の売り上げと利益をもたらしてくれるのが金融業なのだ。日本もシンガポールのように、世界のトップクラスの金融機関とそのマネジャーたちに資金集めとその運用の場所を提供し、日本の資産運用をしてもらうことはできなかったのだろうか。

じつはバブル崩壊の後、政府がそれをやろうとしたことがあった。当時の大蔵省が「東京を世界のファイナンシャルセンターに」という政策を打ち出したのである。しかし構想倒れになってしまった。狙いはよかったのだが、実現するための法制や英語環境などのソフトウエアが全く整備されなかったためだ。

実際に行われたことと言えば、昔ながらの箱物行政だった。「東京にファイナンシャルセンター用のビルを建てよう。二四時間やっているスターバックスがそのビルにあればいいだろう。ヘッジファンドのファンドマネジャーが住む豪華なマンションも建設しよう」というわけだ。つまりハードだけをやったのだ。それは全て無駄に終わっている。

欧米人を中心に構成されたヘッジファンドの担当者が、日本語でしか仕事ができない、子弟の教育も英語でできない極東の島国に来るわけがない。しかも日本には税金が安くなるオフショア市場もなければ、ヘッジファンドにお金を提供してくれる投資銀行も存在しない。まして日本の所得税は世界一高い。アメリカも所得税は高いが日本ほどではない。とくに高収入者にはアメリカはいろいろな税法上の特典があり、世界一の大金持ちの一人と言われるウォーレン・バフェットは年収四〇億円だが、彼にかかった税率は一七・四％、支払税額は七億円ほどだった（二〇一一年八月一五日彼自身がそう発言した）。シンガポールの最高税率はウォーレン・バフェットの一七・四％よりは少し高いが、それでもたったの二〇％だ。そんな高税率の日本に高収入のファンドの担当者が住むわけがない。

やり方さえ間違えなければ、日本にも国際ファイナンシャルセンターになるチャンスはあったはずだ。たとえば円建ての社債、いわゆる「サムライ・ボンド」をもっと広く認めて、簡単な手続きで出させるような方向にすれば、それだけでかなり違っていただろう。規制をなくして、ベンチャーであっても自由に円建てで起債できますよ、としていれば、円はもっと国際化していたかもしれない。

しかし実際には、日本政府は円建て債の発行はほとんど認めなかった。起債の制限を非常に厳しくして、サムライ・ボンドを出せるのは長い間、世界銀行、アジア開発銀行、フランスの原子力公社といった具合に、世界的に有名な半公的機関に限定されていたのだ。

これでは市場は育たない。日本はいろいろな意味で失敗したのである。それを横目で見ていたのがシンガポールの指導者リー・クアンユーである。彼は「そうか。ではシンガポールが代わりに世界のファイナンシャルセンターになろう」と方針を立て、実現した。

なぜ日本は、シンガポールにできたことができなかったのか。

日本にファイナンシャルセンターをつくるためには、それまで金融活動を縛ってきた諸種の規制を撤廃しなければならなかった。それには日本の既存の金融機関が犠牲を払うことになる。ＪＰモルガンやゴールドマン・サックスなど、世界の金融機関が東京に進出してくることを認めなければいけないからだ。つまり日本の銀行も国際競争にさらされなければいけない。

また日本の中心地である東京をファイナンシャルセンターにするためには、東京証券取引所に上場する外国企業の銘柄数が圧倒的に増えなければいけない。五〇〇以上の銘柄が上場されているニューヨーク証券取引所並みとは言わないにしても、最低でも一〇〇銘柄ぐらいは外国株が上場されていないと、ファイナンシャルセンターとは言えない。そのためには外国企業が上場しやすい環境を作らなければいけないのだが、そのための規制緩和を金融庁が嫌った。

その一例が、日本語による規制だ。たとえば東証では、四半期ごとのリポートを日本語で提出しなくてはならない。年一回の年次報告については日本語で出すよう定めるにしても、四半期報告書や、短期的なディスクロージャー（情報公開）については、英語の報告書でかまわないとするべきだった。

しかし、金融庁はそれを絶対に認めなかった。「何でも全部日本語で書け」と言われても、国際的な企業にはそんなことをやっている時間がない。費用の問題ではない。翻訳の予算など、普通の上場企業だったら、年間に二億円ぐらいは用意できるだろう。しかし、翻訳している時間がないのだ。「財務諸表で勘定科目を変えるだけなのだから簡単だろう」などと思ったら大きな間違いである。会計基準は、今は欧米に近い基準を導入しているので翻訳も簡単だが、注記が大量にある。報告書の中に書くその注記を翻訳し、それをチェックする時間がない。スピードを持った経営のためには、翻訳とそのチェックに必要な二～三週間の時間が大変なダメージになるのだ。

たとえばインサイダー取引（内部情報を利用した不公正取引）の規定に引っかからないためには、対外発表するまでは重要な取引はできなくなる。東京証券取引所でディスクローズしない限り、M&A（合併・買収）を実行してはいけないわけだ。そうすると翻訳している間は取引が実行できないことになる。

「東証に上場したならば、何をするにも日本語でディスクローズを求められ、そのために二週間は余計な時間が必要になる」と言われると、「ああ、そんなに時間がかかるなら、上場するメリットなどない」ということになるだろう。

企業にしてみれば、英語でディスクローズできるシンガポールで上場しているだけで十分なのである。翻訳の予算についても、巨大企業ならいくらでもあるが、これからスタートアップしようというベンチャーはそこにかける予算はない。

だから、外国のベンチャー企業は東京証券取引所での上場など、念頭にない。たとえばイスラエルのベンチャー企業がアジアで資金を集めようとしたら、「シンガポールで上場しよう」と考える。英語だけで資金調達ができるのだから、シンガポールで十分なのだ。

この、言葉の問題は非常に大きい。英語を使えないことで不利益を被るのは外国企業である。英語で出されると困るのは財務省と財務局。彼らは提出された書類をチェックするという立場にあるので、英語では困ると主張する。日本の裁判所でも英語の文書で証拠を出そうとすると、絶対に受け付けない。裁判官のほとんどは英語ぐらい読めるはずだが、日本語の翻訳を付けない限りは提出を認めないのだ。こうしたことも外国企業の日本での活動の障害となっている。公的機関が日本語以外の文書の提出を認めないというのは、「日本の裁判所なのだから」「日本の証券取引所なのだから」という、一種の建前であろう。

東証で外国企業の上場が最も多かったのはバブル崩壊直後の一九九一年のことで、当時は一二七の外国企業が上場していた。しかしその後、年々減少してしまい、二〇年たった今では、最盛期の一〇分の一以下というありさまとなっている。二〇一一年四月時点で、東証に上場している海外企業はわずか一二社しかない。これは韓国や台湾よりも少ない数だ。それも多くが外国市場との重複上場で、東証に単独で上場し、東証を主な資金調達の場としている海外企業はわずか三社しかない。

シンガポールでは、外国企業の上場はすでに三〇〇社を超えている。しかもそのうち二〇〇社は過去五～六年の間に上場したものだ。

アジアでは、シンガポールだけでなく、上海証券取引所なども世界的な金融センターをめざしている。東京証券取引所と上海証券取引所を比べると、二〇一〇年末時点の上場企業の時価総額では東京が三三〇兆円ほどあり、二三〇兆円程度の上海より大きかったのだが、株式売買代金では上海がすでに東証を抜き、二〇〇九、二〇一〇年と二年連続でアジア首位となっている。東京証券取引所の時価総額はその後、震災もあって三〇〇兆円を切ってしまった。

日本は、金融産業をあまりにもいじめすぎた。もっと大切にし、国家の経済運営の中心に据える必要があった。日本に進出してくるファンドに関しても、あまりにもさげすみすぎている。裁判官などは本当に金融が大嫌いなのだ。裁判所は「株式投資をしている投資会社」というだけで偏見を抱き、あきれるほど不利な扱いを平気でする。その感覚は、まさに士農工商そのものである。とりわけ日本企業に投資しようという海外の投資ファンドに対しては、「死肉をあさるハゲタカ」と言わんばかりの態度である。

ブルドックソースの事件では、株式の公開買い付けを行ったファンド、スティール・パートナーズが、タックスヘイブン（租税回避地）として知られるバージン諸島に籍を置いていた。ファンドとしてはごく普通のことである。ところが日本の裁判所は、「そんな税逃れの島に本籍を置いているような会社は信用できない」という趣旨の判決文を出したのだ。私も含めて、世界の金融業を知る人間は、それを読んで唖然《あぜん》としたものだ。

こんな鎖国まがいの応対をしている限り、外国資本はみな怒って出ていくだろう。そんな国が世界的なファイナンシャルセンターなど、つくれるわけがない。

なぜ日本人はかくも内向きで、グローバルな視点でビジネスができないのだろうか。

Hold Gold or Fold

第5章

自分の資産をどう守るのか

ゴールドへの投資

世界経済と日本国というマクロとしてのクラッシュはもはや避けられない。そこで、ここからはクラッシュを前提としつつ、ミクロ、すなわち個人としてどう行動すべきかについて考えていきたい。

資産防衛の方法については、原著の中でも著者ヒューゴがいくつかあげている。もちろん、貯蓄がある人に限られるが、具体的には商品、とくに石油とゴールドへの投資である。その関係会社への投資も有効としている。この本が出版された二〇〇七年初めの段階で考えると、四年たった二〇一一年時点ではこれはまさに大正解の資産運用であったと言える。

ただし、著者の話は基本的に、資産運用を長年やった経験のある有力資産家に対するアドバイスと考えていいだろう。日本の一般人の場合、著者の言う通りにしようと思っても、日本には石油の鉱区や金鉱山を押さえている企業はごくわずかだし、投資の方法など見当もつかないはずだ。その点、ゴールドへの投資であれば、日本でも可能である。

著者は、クラッシュ後の世界が金本位制に戻るとは言っていないが、既存の貨幣が価値を失ってしまうと、ものの価値を測る尺度として、やはりゴールドが浮上してくると考えられる。世界の通貨制度そのものが、いったん金本位制に近い形に戻る可能性もある。となれば、個人でも財産の一部としてゴールドを持っていれば、クラッシュの影響はそれだけ少なくなる。

ただし、そのゴールドも日本国内では買いにくい。金債券の場合、日本では東京商品取引所で取引をしているコモディティー（商品取引）業者を通じて買うことになる。業者に代金を払って、その会社が発行した証券を渡されるのである。それが不安要因だ。

たとえば、五年ものの金の債券を買うと、五年後に金を引き出せることになっているのだが、金そのものを持っているわけではない。もし五年の間にその会社が倒産したら、単なる紙くずになってしまう。

実際これまで、商品相場を扱う日本の投資運用会社はたくさんの問題を起こしている。「儲《もう》かる、儲かる」と勧めてお金を集め、実際はそのお金でゴールドを買っていなかったといったケースも大量にあり、一部は刑事問題に発展して、業者が何度も摘発されている。

今は悪徳業者はほぼ淘汰《とうた》され、会員資格も限定されているから、現状で商品相場を扱っている企業が信頼できることは間違いない。では、そこに自分の虎の子の財産の大部分を預けて、金相場での運用を託せるかというと、やはり一抹の不安が残る。

世界的なファイナル・クラッシュになったとき、個々の企業の運命がどうなるかなど、誰にもわからない。それに緊急時には政府から何らかの規制がかけられて、せっかくのゴールド証券が現金化できなくなる恐れもある。リスクを承知であえて日本の金相場で資産を運用するというやり方は、私としてはお勧めできない。

一方、ドルがファイナル・クラッシュを迎えようが、業者がどんどんつぶれようが、現物のゴールドの価値は変わらない。したがってゴールドをベースとした証券ではなく、延べ棒のような現物のゴールドそのものを保有したほうが確実だ。

現物のゴールドとしてまず思いつくのが、金貨である。

先にメキシコ金貨について触れたが、南アフリカのクルーガーランド金貨が、地金型金貨としては最も注目されている。これは一九六七年に発行され、純度が九一%、正確に一トロイオンス（約三一グラム）のゴールドを含む金貨だ。ただし今は需要が多くわずかしか流通していない。

地金型金貨は、他にオーストラリアンカンガルー金貨、オーストリアのウィーン金貨、カナダ政府のメイプルリーフ金貨などがある。アメリカや中国も金貨を出している。日本の日銀もオリンピックなどの記念金貨を売り出したことはあったが、含まれる金の価値がコインとしての額面に遠く及ばないような「まがいもの」であったため、全く人気が出なかった。その後は多少改善されたが、定常的に発行している金貨はない。

ゴールドなら何でもいいというわけではない。たとえば投資目的でゴールドの宝飾品を買うことは勧められない。宝飾品にする際のコスト（加工賃や小売店の利益など）が入っており、いざというときに売ろうとしても何分の一の値段にしても売れないからである。

ゴールドを国内に置いてはいけない

ただし「金貨を持っていれば絶対安全」とまでは言えない。原著でも指摘しているように、政府に取り上げられる可能性があるからだ。

世界大恐慌のときもゴールドの価値は高いままだった。だからこそ各国はゴールドをかき集めようとし、輸出を禁止し、アメリカ政府は国民が持っているゴールドを全て没収した。政府だけがゴールドを保有することにし、それをもとにしてドル紙幣を刷って大恐慌から立ち直るという復興計画を実行したのである。

大恐慌において、アメリカ国民が持っているゴールドが全て没収されたという事実は、来るべきファイナル・クラッシュの備えとして我々が何をすべきかという教訓を示している。ゴールドを持っていても、いざというときには政府に没収される危険から逃れられないということだ。

日本でも戦前や戦時中には、政府が国民にゴールドを始めとする貴金属を供出させた前歴がある。つまりゴールドも自国内に持っていてはだめなのだ。アメリカの富裕層がやっているように、どこか政府の手の届かない場所に避難させる必要がある。

そうした場所は、ヨーロッパであれば比較的容易に見つけられる。ヨーロッパには数百年続いたプライベートバンクやファンドがたくさんあるからだ。世界恐慌も第一次世界大戦も第二次世界大戦も、それ以前のナポレオン戦争もクリミア戦争も、そうした混乱や戦乱を全て生き残ってきたプライベートバンクであれば、これから起きる世界的な危機にあっても、最も安全であろう。資産を任せるとしたら、三〇〇年、四〇〇年とやってきて顧客の絶対的な信頼を勝ち取ってきた欧米のプライベートバンクに預けなくてはならない。

それに引き換え、日本の信託銀行は六〇年ぐらいの歴史しかない。ファンドマネジャーとなると長い人でも二〇年かそこらの経験しかない。六〇年ほどの歴史しかないところに、産業革命以来という危機の中で資産を預けるのは、やはり怖い。というより、実際にそれほどのクラッシュが起きたとしたら、そうした新興の金融機関は大部分が吹き飛んでしまうだろう。

しかし、そういう何百年の歴史のあるヨーロッパの老舗のプライベートバンクに口座を開設して資産を預けるためには、人品骨柄を見られ、バックグラウンド調査を受けて、不正な資金でないことを証明しなければならない。しかも有力な紹介者もいる。また小額から受け付けているわけではない。一定の金額が必要で、一般的に一〇億円相当のキャッシュと言われている。

日本人的感覚では、一〇億円もあれば、なんにも心配しないで一生暮らしていけそうな気がするが、そうはいかないのがファイナル・クラッシュなのである。

海外に資金を持ち出しておけ

私が主宰している勉強会（www.marunouchisquare.com）で、六年前の新年会に、こういう川柳を詠んだことがある。

「虎の子を　乗せるな泥船　この日本」

今の日本はいつ沈むかわからない泥舟である。そんな泥船に大事な資産を乗せていてはいけない。資産を円で持っていてもだめだし、日本国内に置いておいてもだめなのだ。貯蓄のある人たちは、一刻も早く資産を国外に出し、安全な通貨に替える必要がある。

著者ヒューゴは、もともと巨額の資産を預かって、それをグローバルに運用しているファンドのマネジャーである。一般の日本人とはレベルが違いすぎて、「自分の身をどう守るか」という具体論の段階になってくると、国内だけで資産運用をやっている日本人の参考にはならない面がある。「資産をゴールドに換える」といっても、まず資産を世界各地に散らした上で換える、という前提でアドバイスしている。

原著では「ドル暴落による世界経済の機能喪失が始まったとき、避難先として浮かび上がってくるのが、比較的健全に財政が運営されている小国の通貨である」として、スイス・フランとシンガポール・ドルという二つの通貨をあげている。

その一方で、こんなふうにも指摘する。

「しかしスイス・フランとシンガポール・ドルというのは、沈み行くドルをタイタニック号にたとえれば、全ての乗客を乗せるにはあまりにも小さな救命ボートである。乗り切れなかった乗客たちは氷の海に放り出されるだろう」

船が沈み始めてから救命ボートに飛び移ろうとしても、もう遅いのだ。救命ボートに乗るなら、まだファイナル・クラッシュが始まっていない今しかない。

そこで私は、個人的な知り合いには、「今すぐ資産をシンガポールに脱出させせなさい」と勧めている。シンガポールに資金を持ち出して、そこで安全な通貨に替えて何百年の歴史のある外資系銀行に預け、現地のファンドマネジャーに運用を委託するのである。

私がそう説明すると、必ず「資産を外国株で運用するっていうことですか？　それだったら日本の証券会社でもできるじゃないですか」などと聞き返される。この点は日本人の多くが誤解しているが、「シンガポールに資産を脱出させる」ということは、「日本の証券会社経由で東南アジアに投資する」ということとは、根本的に違うのである。

現在、日本人の資産運用の流れが変わりつつあり、利回りのいい外貨建てにシフトしているという。外貨建ての金融商品で資産運用すること自体は、世界的には常識的な運用法と言っていい。しかし、国内証券会社を通じてオーストラリアドル国債とか、カナダ企業の株式を買うというのでは、資産の保全にはならない。なぜなら、日本の金融機関を使っている限り、本人のお金は日本国内からまだ出ていないからだ。

日本の証券会社に口座を持つということは、お金はその会社の中にあるということである。証券会社が自分の会社のお金を海外に持っていって投資するだけで、預け主のお金は勘定上、日本国内に残っている。それは、沈み行く日本という泥船にお金を乗せているのと同じことであり、船が沈むときにはお金も一緒に沈んでしまう。

過去の例から見ても、国債暴落が実際に起こったときには、資金の海外逃避を防ぐために為替取引が制限されるのは確実である。金融危機がひどくなれば預金封鎖も十分ありうる。つまり国内の銀行や証券会社からはお金が引き出せなくなる。そのうえ歴史の浅い日本の証券会社は山一証券の例を見るまでもなく破綻する恐れが高い。そうなったら終わりである。なぜなら日本の金融機関は大量の日本国債を保有しており、政府と一蓮托生《いちれんたくしょう》だからである。

東日本大震災の後には、私はこんな川柳を詠んだ。

「うたかたの　夢と消えにし　電力債」

東京電力債は今や、紙くず同然になっている。これは福島の原子力発電所の事故で、いったい賠償額がいくらになるのか予想もつかないからだ。

ところがこの東電債を、日本の金融機関は大量に保有している。暴落する前、東電債は日本の社債マーケットの一〇％という非常に大きな割合を、たった一社で占めていた。それが紙くずになったのだから、その影響は計り知れない。東電債に引きずられて各地の電力債、東北電力債も北海道電力債も中部電力債も関西電力債も九州電力債も、軒並み大きく値段を下げている。

金融機関もその影響を受けないわけはない。銀行でも証券会社でも甚大な評価損が発生している。メガバンクの中には、今回の事故に当たってさらに一兆円ほども東京電力に貸し付けたところもある。国策に協力したわけだが、おそらく回収できないだろう。

国の庇護《ひご》を当てにして国策に協力するような銀行にお金を預けて運用してもらうのは、沈み行く泥船に乗せているのと同じこと。資産保全の観点からは勧められない。とにかく日本の国外にお金を出すことが重要なことなのだ。たとえ一〇〇〇万円ぐらいの資産しかない人であっても、それを守りたければ海外に資金を持ち出しておいたほうがいい。

これは、私が一〇年ぐらい前から私のクライアントに言っていることでもある。

シンガポールこそ脱出先の第一候補

資産の脱出先として、まず名前があげられるのがシンガポールである。

著者ヒューゴも指摘する通り、シンガポールはまず財政がすこぶる健全である。しかも日本と時差があまりなく、資産運用のプロがいて、資産運用のプログラムがそろっている。そうした条件を考えると、アジアの国ではシンガポールしかない。

ここ二年で、シンガポールは世界のファイナンシャルセンターに成長した。今では間違いなくフランクフルトやジュネーブを抜き、ロンドン、ニューヨークに匹敵するファイナンシャルセンターとなっている。「シンガポールに資産を持ち出せ」と言われると、多くの日本人は意外に思うかもしれないが、それは現在のシンガポールの姿を知らないためだ。

アジアのファイナンシャルセンターとしては長年、香港がトップだった。その香港を尻目にシンガポールが発展してきた理由は、香港と違って中国リスクがないことが大きい。香港は一九九七年にイギリスから返還されて以来、中国の一部である。香港中心部の特別区では、ファイナンシャルセンタービルのすぐ隣に、人民解放軍の香港部隊本部の建物がある。なぜ軍隊のビルが町の真ん中にあるのかと考えると、いざというときに口座閉鎖をするためには軍が必要になるからだ。

ビジネス・ブレイクスルー大学（オンライン大学）の田代秀敏教授から聞いた話だが、日本の海上保安庁が尖閣《せんかく》諸島で中国漁船を拿捕《だほ》した際、人民解放軍内部では「日本人が持っている香港の銀行口座を閉鎖しよう」という動きがあったという。香港は中国の一部なのだから、中国政府が何をしようが自由なのだ。英語が通じ、システムがイギリスの制度であっても、そんな状態では外国の投資家にとって安心感がない。

アジアのファイナンシャルセンターとしては他にドバイなどもあるが、先年の「ドバイ・ショック」でわかるように、政府やその関連機関の財政状態が不透明だし、中東は日本からあまりにも遠い。

世界の金融の中心は、ニューヨークのウォールストリートとロンドンのシティーだが、シンガポールにはヨーロッパ、アメリカの金融機関のほとんどが進出している。政府の管理がイギリスと同じで日本と比べて非常に合理的で、投資の自由度は日本などに比べて圧倒的に高い。シンガポールは中国系の資本も集めてはいるが、香港に比べると政治的により中立で、中国だけでなくインド、アメリカ、アラブ、イスラエルともうまく外交政策で渡り合っている。その意味でも、香港よりシンガポールのほうがリスクは少ないと言える。

シンガポールの軍隊のレベルは、おそらく東南アジア随一だろう。徴兵制で、二年間の兵役義務があり、国民皆兵制度をとっている。男性は全員、兵役を経験する。装備はイスラエル軍のそれと同等で、最新の兵器や装備を備えている。

ただし、仮想敵国はない。そうしたものを作らないのが国の方針なのだ。こうした点で、永世中立を標榜《ひょうぼう》しながら、国民皆兵制度をとるスイスに近い。

著者は、シンガポールと並んでスイスの名も資金脱出先としてあげている。私自身、六年ほど前まではシンガポールよりもスイスをクライアントに勧めることが多かったが、今ではシンガポールのほうがいろいろな点で上になっている。後述するようにヨーロッパからも大量の資金がシンガポールに逃げ出してきているほどだ。こうした事情も考え合わせると、シンガポールこそ、日本人にとって資産脱出先の第一候補と言えるだろう。

ここ数年、世界の金融機関がアジアの本拠地をシンガポールに置くようになってきた。一度集まり始めると、集積度が高まることでさらに利便性が向上し、加速度的に金融機関が集まり始めた。それによって世界中の資金もまた、続々とこの国に集まり始めている。

外資系証券会社の東京オフィスで働くユダヤ人の友人が日中に電話するのは、今やロンドンでもなければニューヨークでもなく、全て国際電話番号「六五」、すなわちシンガポールだという。そこにアジア地域のヘッドクオーター（司令部）が置かれているからである。

これは決して偶然ではなく、シンガポールが意図して仕掛けた国家戦略である。自国を国際的ファイナンシャルセンターにするために、シンガポールはさまざまな手を打っている。

たとえばお金持ちの優遇政策もその一つだ。

シンガポールでは自国の永住権を、お金持ちに対しては無条件で与えるという国家政策をとっている。日本国政府にはとてもまねできない政策だ。具体的には一定額以上のキャッシュをシンガポール国内に持ち込んだ人に永住権を与えている。このキャッシュはシンガポールの中で何に使ってもかまわない。ただしシンガポールから出すことはできない。ついこの間までその額は五〇〇〇万円程度だったが、世界中から申し込みが殺到したために一億円に上げ、それでもまだ殺到するから二億円に上げ、二〇一〇年にはついに五億円まで上げている。それでも人が殺到しているという。おそらく次は一〇億円に上げるのではないだろうか。

申し込みはどこから来ているのだろうか。

即座に思い当たるのは中国である。だが、実際にシンガポールで関係者に聞くと、面白いことに「アジアではない。ヨーロッパだ」と言うのだ。これも日本人には意外だろうが「一番多いのはイタリアだ」という答えだった。

イタリア人が多い理由は私には想像がつく。イタリア人の場合、表に出ない経済の規模が大きいのだ。表に出ている資産、つまり税務署に申告している資産を一とすれば、地下で動かしている資産はおそらくその数倍はある。ギリシャなどもそうなのだ。アジアではインドも裏経済が大きい。

こうしたヨーロッパの資産家は、六年ほど前までは自分の隠し財産をスイスに預けていた。ヨーロッパに限らず世界の富裕層のほとんどがスイスに資産を持っていき、その運用をアメリカでやっていた。それが日本人以外の世界の流れだったのである。日本人でも一〇億円以上のキャッシュを持っている人はその流れに乗っていた。

ところが、そのスイスで、彼らを不安にさせる出来事が起きた。スイスへの一国集中に対してアメリカ政府が牙をむき、スイスの銀行に厳しいメスを入れてきたのだ。アメリカのＦＢＩ（連邦捜査局）とＩＲＳ（内国歳入庁）が「スイスの銀行がアメリカの富裕層の資産隠しの温床になっている」として、世界最大の資産運用銀行であるＵＢＳと、世界最大の商業銀行であるＨＳＢＣに対して、徹底的な調査を行った。

それまで顧客の秘密を徹底して守ることで知られていたスイスのバンキング・シークレシー法も、これに対してかなり譲歩せざるを得なかった。銀行側は、アメリカ当局に対して顧客情報をある程度明らかにすることになり、取り締まりを嫌う人たちは自らの資産をどこか他に移さねばならなくなった。

その資産がシンガポールに逃げ出してきたわけである。運用先は東南アジア、ＢＲＩＣｓ（ブラジル、ロシア、インド、中国）、アメリカである。それが六年前から大きな流れとなっているのだ。シンガポールは永住権を餌に、そうした富豪たちの地下の資産を自分の国に取り込もうと考えたわけだ。日本ではとれない政策である。日本では、政治家や官僚が「金さえあれば日本の居住権を与えます」と口にした途端、「何を考えてる」「なぜ金持ちを優遇する」と袋だたきに遭ってしまう。

「金さえあれば、犯罪者でも入れるのか。テロリストが来たらどうするのか。金持ちの中国人がたくさん入ってきて、日本の山林や田畑を買い占めたらどうするのか」

そんな議論になるだろう。富豪たちの地下の資産を受け入れて、東京を世界のファイナンシャルセンターにしようなどという発想は、日本では許されない。一人一〇億円の日本国債を買えば日本への永住権を与えるという発想など逆立ちしても出てこない。

そんな状況だから、シンガポールが世界中の金持ちを受け入れるのを、指をくわえて見ているしかない。もし日本政府が本気で金融立国を考えたとしても、そんな体たらくではとてもシンガポールにはかなわない。

シンガポールは金持ちだけでなく、世界トップクラスの頭脳も集めようとしている。科学技術でも世界の中心になろうと狙っているのである。

日本では京大の山中伸弥《やまなかしんや》教授が開発したiPS細胞（人工多能性幹細胞）が有名だが、シンガポール政府も巨額を使って、iPSの研究で世界最先端を行く研究者たちを招聘《しょうへい》している。おそらく山中教授も候補にはなったのだろうが、すでにアメリカの研究者たちのほうが応用研究でははるかに進んでいるということで、そちらが招かれたようだ。

このようにシンガポールは「これからはソフトで勝負しましょう。最先端の研究の場となり、ファイナンシャルセンターとして金儲けしましょう」と国家戦略を立て、そのために外国人を積極的に受け入れている。

国家としての生存戦略を描くことができないまま、就労農家がどんどん高齢化している農業と世界的競争力のない古くさい製造業にこだわり外国資本を排斥している日本とは、正反対の政策を展開しているのだ。こうしてシンガポールは、一人当たりのＧＤＰ（国内総生産）で日本を抜き去ったのである。

シンガポールは二〇一〇年には、ＧＤＰが前年比一四・五％増という、中国をしのいでアジアでトップの高成長を達成した。しかも中国のような貧富の格差はない。国民全員が非常に豊かだ。財政面では、二〇一〇年度の財政赤字は当初予測を大幅に下回る三億シンガポール・ドルにとどまっている。二〇一一年度は二二億シンガポール・ドルの赤字を見込むが、じつは政府投資会社の資産運用益を含めると、全体では黒字となる見通しだという。

シンガポールでは、たまったお金は国家備蓄して、ソブリンウェルスファンドという国営の巨大な投資機関を作って運用しているのだ。このファンドは証券投資に限らず、不動産などでも収益物件にはかなりの投資を行っている。オーストラリアのシドニーでも、クイーン・ビクトリア・ビルディングなど歴史的な建築物やショッピングセンターがシンガポール政府の所有になっている。

その運用益もあり、「国家の収入が支出の半分にも満たない」という日本政府とは比べものにならない、超健全な財政運営を行っている。

先日引退を表明したシンガポールの指導者リー・クアンユーはかつて、「日本を見習え。追いつけ追い越せ」と言っていたが、一〇年ほど前に日本に追いつき、その後は完全に引き離して独走態勢だ。今、日本から学ぶものなど何もない。

シンガポールは、今では完全な金融都市である。通貨の両替がこれほど容易な町も少ない。人民元、スイス・フラン、タイ・バーツ、インド・ルピー、台湾ドル。さらにロシア・ルーブルまで町の両替屋で両替可能なのだ。シンガポールの町の両替屋で替えられない通貨はないと言っていいくらいだ。

先日の総選挙で、野党が少し票を伸ばしたけれども、むしろそれはシンガポール政治の民主化に向けて、いい傾向と見ることができる。今までリー・クアンユーの独裁国家だったものが、少し民主化の動きが出てきたということだ。

もともとシンガポールでは、中国本土と同じ言葉を話す中国系の人々が行政と経済の中枢を握り、一方で大統領はイスラム系を置くというふうに、うまく人種間、宗教間のバランスをとっている。イスラムの大統領がいるのに、軍隊はイスラエル軍の装備とシステムを全面的に採用している。つまりイスラムとユダヤについてもうまくバランスをとっている。ユダヤ商人とアラブ商人が平然とビジネス・ミーティングができる国は、世界でもシンガポールぐらいしかない。

それに加えてヒンズー教徒のインド人もしっかり根づいており、中国とインド、両方の大国をまたぐビジネスもできる。国際的には中国人とインド人はお互いに仲が悪く、行き来もあまりない。それが、シンガポールではお互いに気にせずビジネスをしている。

パキスタン人もかなり来ているから、インドとパキスタン、つまりヒンズーとイスラムをまたぐビジネスも可能なのだ。いろいろな意味で特異な国際ビジネス都市である。

資産を全てキャッシュに換えよ

欧米の資産家は一〇億円相当額以上のドルやユーロをスイスで資産運用してきたが、シンガポールでは最低一〇〇〇万円ぐらいから資産を預かってくれる。ただ、特定のマネジャーに運用を依頼する場合は、やはり一億円はほしいところだ。飛行機代や投資アドバイザーの報酬などを考えると、それ以下では割に合わないだろう。

金融資産一億円というと、日本人の大半は条件から外れると思うかもしれないが、じつはそんなことはない。今の日本では、預金ゼロの世代が増えているというが、それは若い世代の話だ。すでに定年を迎えた人たちは、現役時代に相当な資産を蓄えている。多くの人が持ち家や都内のマンションを持っており、年金もそこそこある。生命保険も契約している。それを全部、現金化すると、マンションは売れば五〇〇〇万円ぐらいになるだろうし、生命保険を解約すれば、解約返戻金が一〇〇〇万円ぐらいあるだろう。現金預金にしても、これまでの貯金に加えて退職金が出ているはずだから数千万円にはなる。合わせて一億円程度の資産を、多くの高齢者が持っている。

それら全部を売ってしまえばいい。生命保険を解約し、マンションを売り、全てキャッシュに換えてシンガポールの銀行の口座に移せばいいのである。それが日本人の場合のファイナル・クラッシュの防衛策である。

全資産をまとめて海外の銀行に置くのはリスクが大きいと感じるかもしれない。

「全ての卵を同じカゴに入れるな」

これは、欧米では有名な格言である。だが私に言わせれば大地震が次から次へと起こることが確実で、何十基という原発がいつメルトダウン（溶融）するかわからない国に資産を置いておくほうが、よっぽどリスクが高い。日本に全資産を置いておくなど、ユダヤ人から言わせれば信じられない愚行である。

私の知る日本在住のユダヤ人には、日本の銀行口座に当座に必要な額以上のお金を残している人はいないし、日本企業の株を買うのに日本の証券会社を使っている人もいない。全員がＪＰモルガンやゴールドマン・サックスを使っている。日本支店を使うという意味ではない。外国にある支店の口座にお金を預け、海外の支店を通じて資金を動かしているのだ。日本に住んでいる人でもそうなのだ。

私の友人にはグーグルに投資して大儲けしたユダヤ人もいるが、「日本の証券会社の口座を使うことは考えられない」と言っている。いざというときに資金の自由な引き出しができない日本の証券会社や銀行を使うユダヤ人はいない。これは誰に聞いても同じ意見だ。ユダヤ人から見ると日本は税金だけでなくカントリー・リスクも高い国なのだ。

圧倒的なシンガポールの投資環境

日本の証券会社で外貨建ての商品に投資する。海外にお金を持ち出してから運用する。この二つの方法には、いざというときの保証だけでなく、日常的な投資の利便性という点だけを見ても天と地の違いがある。

シンガポールは金融立国をめざしており、世界の大金持ちがロンドンやニューヨークでできることは、シンガポールでもやらせようという方針で金融行政を行っている。運用成績も安全性も、出資者の要望に応じたきめ細かい資産運用も、日本でできないことがシンガポールでは全てできると言っていい。

今、ここに一〇〇〇万円の資産があり、それを預金として日本のメガバンクに預けてあったとしよう。それを使って、たとえば「二〇〇六年発行のフォルクスワーゲンの社債を買いたい」と考えたときに、果たしてそれができるだろうか。興味のある方は一度試してみるといいと思うが、日本ではできない。

国内の大手証券会社では、ユーロファンドといった投資信託を発行している。つまり多くの企業の株式や社債をまとめたものだ。そうした証券会社のつくったファンドは買えるのだが、個別銘柄の特定年度の社債を買いたいと思っても、そんなことはできない。

同じことがシンガポールだったらできるのだ。

「中国人民元建ての、二〇〇七年の春に発行された国債を買いたい」

そんな指定も日本では不可能だが、シンガポールなら可能である。たとえばイギリス系の銀行であるＨＳＢＣの支店を通じて買うことができる。そういう投資商品のバラエティーについて、シンガポールはすでにニューヨークやロンドン並みとなっている。規制だらけの日本とは比べものにならない。

また、シンガポールには腕のいいファンドマネジャーが大勢いる。

「シンガポールのファンドマネジャーと、日本の信託銀行あたりのファンドマネジャーと、本当にそんなに能力の差があるのか」

違うのだ。これはもう、雲泥の差がある。シンガポールで資産運用を担当しているのは基本的にはシンガポール人ではない。現地に進出してきた欧米の銀行やファンドが、自社のマネジャーをシンガポールに呼び寄せている。

もともと日本人は、金融や経済に弱い民族だ。物理や化学では何人もノーベル賞をとった学者がいるのに、経済学のノーベル賞はいまだに一人もいない。

彼らが行っているのは､高度な数学とコンピューターシステムを駆使したアルゴリズム（計算手順）による売買である。そうした能力は日本人のファンドマネジャーにはない。また国際金融についての情報量も日本人と欧米のトップクラスとでは全く違う。

国際的な投資では、情報の量とともにスピードも問題となる。一時間情報が早ければ大儲けができ、一時間情報が遅ければ大損をしてしまう世界なのだ。しかし、投資に必要な情報は日本には全く入ってこない。日本はオフリミットになっているのが実情だ。

日本のファンドマネジャーの場合、日本の金融庁の規制があり、運用対象となる金融商品が非常に限られているのだ。二〇〇～三〇〇のアイテムしかない。これに対して、シンガポールにはそうした規制がない。ファンドマネジャーが運用できる投資対象金融商品は、デリバティブ（金融派生商品）、コモディティー、不動産など、細かなものを含めると一万種類にものぼる。

ファンドそのものも、世界中には五〇〇〇、六〇〇〇という数が存在する。かつ、その運用成績の比較についても、欧米のファンドマネジャーのほうが過去から蓄積したデータを持っている。

海外からシンガポールに資産を持ち込んだ富裕層にしても、それを地場の銀行に預けているわけではない。シンガポールに進出している世界的な銀行に預けている。そんな銀行のシンガポール支店に口座を開き、そこに置いた預金を使って、ゴールドを始めとする世界のあらゆる投資商品を買っているのだ。

シンガポールに行って欧米系の銀行の支店で口座をつくって、そこにお金を入れ、そのマネジメントをヨーロッパ系の銀行のファンドマネジャーやインベストメントバンカーに頼めば、日本人でも欧米の富豪と同じ運用ができる。著者ヒューゴ自身の独立ファンドを含め、ファイナル・クラッシュの勃発を織り込んだ上で運用を行うファンドもかなりの数が存在し、もちろんシンガポールにも出てきている。

なぜ、日本には全く来ない世界クラスの投資マネジャーが、シンガポールには出てくるのか。最大の理由は、シンガポールの言語が英語であることだ。英語で全ての業務を行える。日常生活も同様だ。子弟の英語教育環境も充実し、韓国や中国をはじめ、アジア各国から留学生を受け入れているほどレベルが高い。ほとんどの許認可に日本語文書の提出を義務付けられ、英語では買い物一つできない日本と比べて、その差は圧倒的に大きいのである。

シンガポールに口座を持つ意味

私は震災が起こる前に、シンガポールで開かれる投資体験セミナーにかかわっていた。私が主宰している「丸の内スクエアアカデミー」（www.marunouchisquare.com）という勉強会が、シンガポールの投資あっせん会社（www.intercounsel.org）の投資セミナーに、共催で名を連ねることになったためだ。

セミナーの内容は、本書で説明したように、「海外の金融機関に口座を開いて、資産を海外に移し、そこに資産運用を委託したらどうか」という呼びかけである。シンガポールまでの飛行機代とホテル代、さらにセミナーの料金を払って参加してもらうことになる。セミナーぐらいなぜ日本でやらないのかというと、この投資あっせん会社は日本での免許を持っていないため、日本で具体的な投資勧誘ができないのである。世界には多くの信用できる投資あっせん会社があるが、免許の関係で日本にはほとんど来ていない。私は、日本人は本当に損をしていると思う。

震災が起こったために人が集まらないと思っていたら、むしろ逆に増えて、一〇名ぐらいになった。いずれも真剣にシンガポールに資産を移そうと考える人たちばかりだ。そのうち何組かはもう口座開設と生命保険契約にまで話が進んでいる。

「生命保険契約とはどういう話か」と思うことだろう。日本にも生命保険会社はたくさんあるからだ。だが、世界の実情を知っている人間の目から見ると、日本の生命保険は条件が非常に悪いのだ。それは運用成績が上がらないためであり、その原因の一つにやはり金融庁の規制がある。

加入者が払う保険料を集めて資産運用し、その成果を亡くなった人に分配するというのが、生命保険のビジネスモデルである。つまり資産運用の巧拙こそ、生命保険会社の差別化のポイントと言える。それにより支払い条件が大きく変わってくるからだ。

その肝心の運用成績が、日本の生命保険会社は非常に悪い。それは当たり前で、資産の多くで日本国債を買っている。あるいは日本の不動産に投資している。日本では過去二〇年以上、株も不動産もさっぱり振るわないのだ。そのうえ、国債など債券の金利も極端に低い。必然的に、日本の生命保険会社の成績も全く上がらない。

その点、欧米の生命保険会社は世界中の金融商品、不動産や、鉱物資源、場合によっては美術品にまで多面的に投資している。このため運用成績が日本の生命保険会社よりもはるかにいい。その結果、生命保険の適用範囲が違ってくる。たとえば保険期間が九〇歳までとか、九五歳まで、一〇〇歳までという商品が販売されている。

解約返戻金の額も違う。解約返戻金が多いということは、その保険会社の運用成果がいいということなのだ。死亡保険金の総額も違う。海外だったら一〇〇億円もの死亡保険金を受け取れる生命保険もある。がんや糖尿病など、疾病経験のある人でも生命保険に入れる。そういう設計の自由度が、海外での生命保険にはある。しかし日本では金融庁の認可したパッケージ化された生命保険しかない。

海外の生命保険ではまた、健康状態が良好な人ほど安い保険金で生命保険に加入できる。たとえば糖尿病でなく六〇歳で非喫煙者、トータルコレステロール値が上が一七〇、HDL（善玉コレステロール）が七五、LDL（悪玉コレステロール）が九三といった非常に健康な人で、BMIつまり体表面積に対する体重の割合が二一〜二二といった理想体型の人であれば、病院では人間ドック（海外で受ける）の結果次第では非常に安い保険料で契約ができる。そういう理想的な健康状態の人たちの死亡率は低いからだ。

ただし、その前提として、加入時に厳密な健康診断を実施する。日本の場合にも保険加入時には血液と尿を採取し、それから医者が出てきて問診を行うわけだが、基本的に簡単な検査で終わりである。欧米の場合には病院で人間ドック並みの検査を行う。

「日本でも外資系保険会社の保険に入れるじゃないか」と思うかもしれないが、外資といえども日本では日本の金融庁の規制の範囲内の生命保険しか提供できない。生命保険の販売は免許制になっており、いくら海外で認可されていても、日本の中では日本の金融庁の認可を受けていない生命保険を、日本の国籍を有するものに販売してはいけないことになっているのだ。

そうなると日本の大手生命保険会社と変わらない保険商品だけになってしまう。AIG（アメリカン・インターナショナル・グループ）もアメリカンファミリーも全て同じだ。ネット生保が最近は日本でも盛んだが、しょせん日本の金融庁の認可を受けた生命保険しか販売できないことに変わりはない。

その同じ外資が、いったん日本の外に出ると、全く違う非常に有利な生命保険を提供している。日本人がそうした保険に入りたければ、いったん日本から海外に出ていかないと契約できない。自ら海外に出ていって海外居住者となり、現地で健康診断を受け、現地で保険契約にサインし、海外の銀行に置いた口座から保険料を支払うのである。この有利な生命保険にも、シンガポールに銀行口座を持つもう一つの意味がある。

日本からシンガポールに資産を持ち出す場合、受け入れ側のシンガポールは基本的にウェルカムであり規制はないのだが、問題は日本政府の規制である。日本からのキャッシュの持ち出しには制限があり、現金でボストンバッグに入れて持ち出せるのは一〇〇万円までとなっている。

銀行送金もできない。シンガポールで資産運用するから、一〇〇〇万円を送金しようと思っても、政府の規制によって自由には送れないのである。いつまでも日本国債を買い続けてほしい日本政府としては、国内の資金をどんどん持ち出すようなことはやめてもらわなければ困るのだ。

政府の規制の中でやろうとすると、限度額いっぱいの一〇〇万円を持って、一〇回行くしかない。

そうした制限がありながらも、シンガポールのある金融機関では、一日平均一〇組の日本人が来ているという話があった。全金融機関合計でどれほどの数の日本人が来ていて、一人当たり平均いくらぐらいシンガポールに置いていっているのかは、統計も何もなく、全くわからない。

ただ、これだけは言える。すでに、かなりの日本人がクラッシュに備えて行動を開始している。

家族ぐるみで日本脱出を

私は現在、主にヨーロッパで仕事をしている。住んでいるのもスウェーデンで、家族も海外で暮らしている。そして、国際弁護士の他に、海外での子弟教育についてのコンサルタントをしている。そして、日本人には次のように勧めている。

「子供を日本の学校ではなくて、小学生ぐらいから海外の学校に入れましょう。最終的には向こうの大学、そして向こうの大学院を出るように育てましょう」

私が先に紹介した川柳で使った「虎の子」とは、じつは財産のことだけではない。自分の娘や息子のことも含めているのだ。私の娘も息子も早くから海外の中学、高校、大学、大学院と進み海外で生活している。英語さえできれば、そして大学院の高学位があれば、世界中の働き口がある。

私が本書で述べたような、世界的な経済危機の恐れ、日本国債のデフォルト問題、資産防衛のためのシンガポールへの資金集中といった世界の流れについて、ほとんどの日本人は全く知らされていない。日本政府としてはそういう資金の大きな流れができては困るので、情報をコントロールして報道させていないのかもしれないし、日本人が英語の海外メディアに接する機会がほとんどないためにわからないのかもしれない。

日本人はこれまでずっと、世界の資産運用の潮流の蚊帳《かや》の外に置かれていた。それは英語でないと資産運用のマネジャーたちと会話ができないというハンディキャップがあるからでもある。子弟教育についてのコンサルタントは、なんとかしてそうした日本と世界とのギャップを埋めたいと考え、二〇年ほど前から始めた事業である。

ここに日本人の資産家がいたとする。しかし海外に資産を出す方法がわからず、全ての資産を国内だけに置いているとしよう。ファイナル・クラッシュが起きたとき、このままではこの人はなすすべもなく破滅するだろう。対策を立てなければいけないが、本人は英語が苦手だ。勝手のわからない外国に資産を出せと言われても、ためらって動けない。

では、どうするか。

本人が英語が苦手だったら、孫を海外に出して、海外で教育すればいい。そうすれば孫は四～五年すれば英語ができるようになる。七～八年すればアメリカの大学を出る。

「そうすれば、あなたの大切な資産を日本から出すことができるようになるでしょう」

そういうことを考え、クライアントにアドバイスすることにした。GDPの二倍も借金するような政治がだらしない地震国に生まれたからといって、何もせずにファイナル・クラッシュを座して待ち、飲み込まれて全てを失ってしまうのでは、あまりに無策にすぎる。先に「日本の高齢者の多くはまとめれば一億円ぐらいの資産を持っている」と指摘したが、その一億を早く日本の外に持ち出すべきなのである。

「全部売ったら住むところがなくなる」

そんな不安を持つかもしれない。だが、定年まで企業勤めをしていた人は、資産の他にも二〇万円から四〇万円ぐらいの年金が、毎月入ってくるはずだ。とくに企業年金が高い一流企業に勤めていた人は、かなりの額になる。それを原資として、海外で生活したほうがいい。

日本のお金持ちの中には、実際にシンガポールに行ってしまった人もかなりいる。その理由の一つが、相続税である。お金持ちは、日本で死ぬと国に相続税で財産を半分くらい取り上げられてしまうが、シンガポールは相続税がないのだ。インドやオーストラリアも中国も相続税は実質ゼロ。インドに移住する日本人はあまりいないが、オーストラリアにはけっこう移住している。

オーストラリアも財政が健全な国の一つである。一九八〇年代にはGDP比五〇%近い累積赤字を抱えていたが、厳しい緊縮財政によって健全化させ、二〇〇六年には三〇年ぶりに「累積債務ゼロ」を宣言するまでになった。二〇一〇年度には若干の財政赤字を計上したが、それもGDP比で三・六%にとどまり、二年後には再び財政収支を黒字化させると発表したという。

私の知人である経営学者の野田一夫氏は、多摩大学の名誉学長であり、全国経営者団体連合会会長であり、ピーター・ドラッカーを日本に最初に紹介したことでも知られている人だ。その野田さんは今は財産を全て売り払って、オーストラリアのブリスベーンに移住したという。

彼は「日本は愛するけれども、日本国は愛さない」とはっきり言う。日本国とは、日本を統治する官僚機構と政治家たち、権力機構の連中だ。彼は言う。

「それは国民の富を全部、使い尽くす寄生虫みたいなものだ。だから愛さない。だが、国土は愛する。愛国者であることに変わりはない」

ほとんどの日本人は、頭では理解しても、実際にはそうした資産保全策を実行しようとしない。認識だけあっても、実行しなければどうしようもない。

本書を読まれて感じるところがあった方は、定年を迎えたなら家族と資産を携え、沈みかけている泥舟から脱出する準備にかかってほしい。それも早くしないといけない。タイタニックが沈むとき、シンガポールという小さな救命ボートに乗れる人は、早く飛び移ったごく少数の人に限られるからだ。現にシンガポールの永住権取得の費用は先に述べた通り、倍々ゲームで急上昇中である。ファイナル・クラッシュで受ける傷が少ないと言われるオーストラリアもカナダも永住権取得はどんどん難しくなっている。

Retribution and Remorse

第6章

クラッシュ後の世界

消費型経済モデルの終焉

二〇〇八年秋に勃発したリーマン・ショックは、その後の世界各国の財政出動と金融緩和により、なんとか小康状態を取り戻した。だが、民間経済を下支えしようとして行われた財政支出の増加は今、巨大な負債となって各国政府を苦しめている。

アイスランドは、その経済規模に比べてあまりに巨大な民間金融部門を抱えていたため、政府が金融機関を救済することすらかなわず、国家経済が破綻《はたん》した。続いてギリシャ、ポルトガル、アイルランドといったヨーロッパの周辺諸国が今、壁に突き当たっている。

問題は、政府財政の破綻である。それがソブリン危機という形で市場を騒がせている。現在はこの周辺諸国の危機がスペインやイタリアにまで伝播《でんぱ》するかどうかという段階で、ヨーロッパの危機は今も進行中である。

アメリカ自身GDP（国内総生産）の一〇〇％に近づこうという負債を抱え、米ドルの低落と国債の格下げに大揺れしている。世界銀行総裁は二〇一一年八月中旬、「世界経済は今危機に差しかかっている。『冗談で言っているのではない」と警告を発した。

そして、次に見えているのが、累積財政赤字がGDPの二〇〇％を超えようとしている先進国中最悪の日本政府の財政破綻である。

私は、今の世界の状況を振り返って、消費をあおる経済モデル、戦後のアメリカ型経済モデルそのものが今、壁に突き当たり、終焉《しゅうえん》を迎えつつあると感じている。

原著も指摘するように、世界が負債まみれになった原因は、世界中に広がった経済モデルが消費を美徳とするものであったことだ。そこでは負債は消費を上向かせるための手段であった。この消費礼讃《らいさん》文化はアメリカから始まり、世界中に蔓延《まんえん》した。消費もＧＤＰの一部だからだ。戦後に日本でも広く放映されたアメリカのテレビドラマは、ものにあふれた豊かな家庭像を世界に宣伝した。大きな車、大きな家がアメリカンドリームの象徴であり、それを獲得することこそ人生の目的であるかのように、人々の頭をまひさせた。

世界中の国と企業が、「もっと負債にまみれて、もっと消費しろ」と人々にあおった結果、人々はより新しいもの、より大きなもの、よりよいものを次から次へと買わされている。たとえばブラウン管テレビから液晶テレビへ、さらに薄型液晶テレビへ。車もモデルチェンジをするたびに買い替えるようあおられる。何でもローンで買う人が増え、クレジットカードの買い物は全てリボルビング（定額返済）払いという人も多い。

家はもちろん、ローンで建てる。住宅建築は家財道具や電気製品の大量消費を呼び起こす。それらもローンで購入される。こうして全ての消費が負債まみれになっていく。

そうすることによって消費中心の経済が膨張した。消費こそがＧＤＰの押し上げ要因であるから、ＧＤＰ成長神話に取りつかれた政府もまた消費をあおる。その結果もたらされたのが、クラッシュにおびえる負債漬け経済である。

消費文化の矛盾

私が通商産業省に入省した四三年前には、コピー機もファクスもパソコンも何もこの世に存在しなかった。それでも人々は今より豊かな生活を謳歌《おうか》していた。

デジタルカメラも液晶テレビも自動販売機も、現代のあらゆる商品は消費をあおり、新たな消費を生み出す目的で作り出されたものだ。エネルギー消費が少ない商品は、政府のエコポイント制度によって一時は膨大な消費を作り出した。今買えばお買い得だというので、ブラウン管テレビを液晶テレビに買い替えたり、少し隙間風が入ってきていた窓枠を二重ガラスにリフォームしたりした。だが、大人気だった液晶テレビも、エコポイントがなくなるとパタッと売れなくなって、価格が暴落してきた。二〇万円、三〇万円していたタイプが、今なら二万円、三万円で買える。完全な供給過剰状態なのだ。

こうなってみると「あのエコポイントによる売り上げ増は、いったい何だったのだろう」という素朴な疑問が湧く。政策でお得感をあおって一時的に消費を押し上げたのだが、それはかげろうみたいなもので、しょせんは消費の先食いにすぎなかった。

じつは全ての経済成長がそういうことなのではないか。人々の消費をあおって、あってもなくてもいい商品を買わせていただけではないのか。

「私たちはいったい何をやっているのだろう」

そんな本質的な疑問を、そろそろ皆、まじめに考えなければいけない。何のためのインバーター付きの新型エアコンなのか。エコポイントにあおられて買い替えているが、ポイントが付こうが、購入代金のほうがはるかに高い。そもそもエアコンなど使わないことがもっとも省エネなのだということに、気づいてもいいはずだ。

原子力発電所の事故で節電が必要になると、今度はそれを理由に新たな消費をあおろうとする。今はＬＥＤがブームになっていて、会社でも家でもあらゆるところで電球をＬＥＤ（発光ダイオード）に買い替える予算を組んでいる。よく考えてほしいのだが、白熱電球をＬＥＤに買い替えることで、どれだけ節電効果があるのか。ＬＥＤを作るためにも電力を使っているはずなのだ。製造のための電力消費を考えると、慌てて買い替えないほうが、電力消費は抑えられるのではないか。

蛍光灯などはもともと消費電力が少ないわけだが、それをさらに消費電力の少ないＬＥＤに取り替えようとしている。しかし蛍光灯の差し込み口ではＬＥＤに合わないので、コンセントから改造しなければいけない。その工事にも電力を使う。何のためにＬＥＤへの転換をやっているのか。従来のコンセントで使えるＬＥＤが開発されたと言うが、その開発にどれだけ電力が使われているだろうか。

ハイブリッド車でガソリン消費が抑えられるというけれども、ハイブリッド車を作るための電力消費を考えると、トータルとして電力の節約になっているのかどうか、じつはよくわからない。この点は著者も指摘している。ならば、昔のままの自動車に乗り続けているほうが、じつは地球にやさしいのではないか。それよりもＥＶ（電気自動車）のほうがもっと地球にやさしいのではないか。

日本の自動車メーカーは、消費需要をあおって数年ごとにモデルチェンジしている。たとえばトヨタ・クラウンの新型が出たら、それまでの旧型のクラウンに乗っていた人がかなりの割合で新型に買い替える。その買い替え需要が経済成長につながっている。ただし、人々の幸せにつながっているのかどうか、その点はよくわからない。

旧型の車と最新型とで、乗っていて何が違うのか。乗り心地はよくなったのかもしれないが、中に乗っている人がそれでどれだけ幸せになったのか。ボルボなどは三〇年ぐらいたっても乗っている人がたくさんいるけれども、そのほうが環境にいいのではないか。

私たちは便利さや快適さを追い求めすぎ、もっと重要なことを忘れているのではないか。たとえば家族とのつながりであるとか、精神的な充実感といったものだ。

もう一つ日本人が忘れてしまったことがある。貯蓄だ。今の日本は貯蓄率が大きく低下していて、一九七〇年代半ばには二〇％を超えていたものが、今や二％台に落ち込んでいる。収入のうち二割以上を貯蓄していた日本人が、今は五〇分の一しか貯蓄していないのだ。

リタイア世代ならともかく、若い人にも預金ゼロという人が非常な勢いで増えているという。今月の月給から来月の月給までの間、残高がだんだん減っていって、給与支払日直前になるとゼロになる。そういう貯蓄ゼロ世代が普通になっている。

なぜそんなことになったのかと考えると、やはり消費をあおられた結果ではないだろうか。今の若者はぜいたくをしなくなったと言われるが、本を買わなくなった代わりにアイフォーン（iPhone）を買い、ダウンロードで音楽を聞いたりゲームをしたりして、携帯電話の料金が二万〜三万円になっている。それは果たして必要なものなのか。無意識のうちにあおられた結果、必要でもない消費をしてしまってはいないだろうか。

照明で本当に節電したいのなら、夜ふかしをやめて早寝すればいい。そうすれば照明の電気代はいらない。テレビにしても、液晶テレビはもちろんブラウン管のテレビにしても、なければないで生きていけるはずである。どうせ流れている番組は低俗なお笑い番組かよく笑うタレントの顔だけではないのか。

自動車に関して一番の省エネは、じつはハイブリッド車でも電気自動車でもなく、初めから自動車など持たないことだ。ところが問題は皆がそうするようになったら、今の経済が成り立たなくなってしまうようにしてしまったことだ。

先日、石原慎太郎《いしはらしんたろう》都知事が「自動販売機はいらない」と発言して話題になったが、よく考えてみれば自動販売機も、生きていくために必要なものではない。のどが渇いたときに冷たい飲み物がすぐ手に取れるという利便性はあっても、果たしてそれが必要かという根本的な疑問は、私にもある。各家庭に冷蔵庫が普及していて、どこにでもコンビニがあるのだから、自動販売機がなくても誰も困らない。もっとも、現実には自動販売機の売り上げだけで、年間二兆円ほどもある。つまり自動販売機が生み出すマーケットは、確実に日本のＧＤＰに寄与しているわけである。しかし、全国に何万台、何十万台もある自動販売機に缶を配送する車が何万台もガソリンを消費して大気を汚染し、走り回っている。そして自動販売機に照明と冷蔵電力を送り続ける。東京が近い将来大地震に襲われたら道路という道路を倒れた自動販売機がふさいでしまい、緊急車両の通行を妨げる。

そこに根本的な矛盾がある。

ＧＤＰは増える必要があるのか？

アメリカの消費主導経済は、中国を始めとするアジアの新興工業国も巻き込んでいる。消費をあおる経済の中で、アメリカは相対的に安い価格で生産を代行する中国を必要とし、その中国からアメリカに対する金の流れを作っていかなければならない。おかげで今、中国とアメリカが両国ともに難しい問題を抱えている。これらの問題は結局、現在の世界の経済構造そのものだ。経済成長一辺倒の経済学に従い、ＧＤＰの持続的な増加を前提としているため、各国ともＧＤＰがマイナスになってはいけないと言いながら邁進《まいしん》してきた、その結果がこれなのだ。

手元にお金のない人々にまでローンによって消費をあおるアメリカ型の経済成長モデルについては、原著の中では「アディクティブ・デット・エコノミー」という呼び方をしている。二〇一一年八月に新華社通信がアメリカを同じ言葉で非難している。アディクティブとは麻薬など薬物の中毒患者という意味で、デットとは負債である。要は、消費が伸びないと経済成長しない、経済が成長しないとお金がうまく回らないという経済モデルである。今では先進諸国はみな、そうなっている。

経済成長を後押しするため、政府も金融機関も借金を奨励し、企業も個人も当の政府までも巨額の借金を抱えた。原著“*THE FINAL CRASH*”とは、そうした経済モデルのあり方に対して、警鐘を鳴らそうとする本なのだ。

なぜGDPがマイナスになってはいけないのか？　一度よく考えたほうがいい。中世ヨーロッパのGDPは何百年にわたり横ばいであった。それで人々が不幸だったかと言えば、そんなことはない。ルネサンスの芸術やモーツァルトの音楽などは、GDPが中世より何千倍にもなった現代世界がいまだに凌駕《りょうが》できていないではないか。

九・一一事件では、アメリカとイスラムの「文明の衝突」が話題となった。経済思想の面においても、負債による消費の底上げを奨励するイギリス・アメリカ型経済に対して、対照的なポジションにあるのがイスラム経済である。

イスラム経済、とくにその金融の考え方は、サブプライムローンの全く逆を行っている。イスラム金融では金利をとらない。銀行は金利をとってお金を貸すのではなく、自分自身が一個の投資家として、借り手の投資に参加するという立場をとる。したがって、もともとサブプライム・カスタマーはもちろん、プライム・カスタマーも存在しない。一般的な金融では、借り手の投資が失敗した場合にも貸し手の債権は生きており、破産した借り手の担保を取り上げるなど容赦ない取り立てが行われる。

だが、イスラム金融では銀行もまた投資の仲間として、借り手と同様のリスクと損害を受ける。

イギリス・アメリカ型と比べたとき、非常に健全な金融ビジネスモデルと言える。じつは最初に著者ヒューゴに会ったときから「イスラム金融に大きな投資チャンスがある」というのが彼の持論だったのだが、その正しさも証明された。

サブプライム問題でもリーマン・ショックでも、イスラム金融やイスラム銀行は全く影響を受けなかったのだ。

お金持ちでないと幸せになれないのか

ただし、原著の中で著者はイスラム金融について触れていないし、「アメリカ型がだめなら、どういう経済モデルがいいのか」という点についてまでは筆を進めてはいない。遠大なテーマであり、おそらく現在も熟考中なのだろう。

私自身も、これまでの経済についての考え方を根本的に変えなければだめではないかと感じてはいるが、ではどういう形がいいのかと問われれば、確たる解答を持っているわけではない。

ただ一つ、これだけは言える。経済成長の重要な要素を占める消費とは、いったい何なのか。そこにもう一度光を当てて見直すべきだ、ということだ。アメリカのGDPの七割は消費で占められ、日本のGDPも五割が消費だ。消費をあおらなければ経済成長しないという、世界経済のメカニズムこそ、考え直さないといけない。

消費をあおる経済モデルではない何か——。

経済成長がなければうまくいかない経済モデル、消費をあおるために借金を重ねることが奨励される経済モデルとは異なる、より人々の伝統的な感性に一致する経済社会モデル。

全ての先進国政府は、そうした新しいモデルを国民に提示していかなければいけない。

「お金持ちでなければ幸せになれないという世の中は、少しおかしい」

そう感じている人は、日本にもかなりいるはずだ。貧者の幸せというか、物質的には貧しくとも心の幸せを求めていくような社会。日本でもそうした新しい経済社会モデルへの模索の動きはあるし、東日本で発生した震災がきっかけとなって、そうした形に転換していく可能性もある。

日本の場合、バブル崩壊後も、自主的な意識改革はなかなかなされず、「なんとかして景気を回復しなければ」という動きばかりが目立っていた。だが二〇一一年に入り東日本大震災が起こって、人々の意識にも変化の兆しが出てきたと感じる。

計画停電が実施されたことで、「電気のない生活」という生き方に気づいたのかもしれない。節電で通りが暗くなっても、「これでいい」という人も多い。「人にぶつかったりしない程度に見えていれば、それでいい」という意見も耳にする。盛り場のネオンがあれほど明るくなくてもいいし、コンビニの照明もそれほど明るくなくてもいい。自動販売機がなくてもいいかもしれないと、多くの人が思い始めている。

人類は、つい二〇〇年前まで電気のない生活をしていた。電気が発明されるやいなや、多くの電気製品が市場に出回り、その電気製品の改良品がまた市場に出回り、そして消費をあおる広告がその電気製品に流され、よく考えれば必要でないものの購買に走るために人々が残業して働くことになった。

私自身、今ではスマートフォン（多機能携帯電話）のBlackBerryやiPhoneを使っているが、それらはもちろん、インターネットやパソコン通信も、テレビゲームさえ、ついこの間までは全く存在しない時代だったのだ。パソコン通信が出てくる前はファクスの時代で、誰もがファクスで世界中に情報を送っていた。そのさらに前はテレックスの時代があった。私が弁護士になった四〇年前のことだ。それが三〇年前にファクスに代わり、二〇年前にインターネットの時代になった。

そのたびごとに、ファクスマシンを買い、パソコンを買う。それによって世界の経済は成長をしてきたわけだが、果たしてそれで人々がそれだけ幸せになっているのか。パソコンがあったほうが充実しているかというと、私自身の経験からいうと、どうもそうでもない。便利な機器のおかげで、どこでもいつでも仕事をやらなければいけない。ファクスだったら持ち歩けないから、オフィスから離れたらもうそれで仕事は終わりだった。ところがノートパソコンぐらい小さくなると、家にも旅先にも持ち歩いていくことになる。iPad（アイパッド）になるとベッドの上にも持ち込むことになる。

四〇年前のテレックスの時代は、すぐに返事が来ないことが前提だった。ロンドンからテレックスが来ても、返事を返すのに一週間ぐらいかかっていたものだ。ところが携帯電話と電子メールの時代になって、すぐに返事が来ないことに、誰もが不満を持つ。今では、ロンドンからEメールが来たら、七～八時間以内に送り返してやらないと、「何をやっているのだ」と叱られる時代だ。ノートパソコンがスマートフォンに代わったら、トイレの中まで仕事を持ち込む時代になった。

それで業務の効率が上がったことは事実だろうが、果たして人々の幸せにつながっているのかというと、明らかにそうではない。むしろパソコンなどないときのほうが、生活に満足していたと思う。

そうやって振り返ると、液晶テレビも自動販売機も、どれも私たちが本当の意味で求めている「豊かさ」ではなかったのではないか、と気がつく。それを買うために残業してまで働くのは、何かおかしい。デジタルテレビになって何か幸せにつながるのか？　クイズ番組に家庭から参加できるのが幸せか？

昔の日本は、うちわ、扇子、打ち水で涼をとったものである。自然風力を利用していた。ところが電気が発明されるや、扇風機、クーラー、全館冷暖房、インバーターエアコン等々、より高性能でより高価なものへと消費をあおられ、その購入資金を得るために残業してまで働き、そのうえ負債を重ねるというサイクルに入ってしまった。

今こそ、人々に消費への欲望を与えるのではなくて、充足感を与えるような経済モデルを考えなければいけない。いくら経済が成長しても、人々が不幸せになっていくのでは意味がない。

これは私だけでなく、アメリカでも家でテレビを見るのではなく教会に行く人が増えたし、日本ではとくに震災後、そうした考え方が強くなってきたように感じる。質素倹約は、かつてのアメリカ人の開拓者の、そして日本人の美徳であった。その日本の象徴が二宮尊徳《にのみやそんとく》だったのだが、かつてどこの小学校にもあったあの銅像は、今やどこの小学校にもないのではないだろうか。

今回の大震災がなかったとしても、いずれ何年か後には経済的なクラッシュが起きるであろう。それにより日本人の考え方が変わるとしたなら、その時期が大震災のために早まっただけかもしれない。

やがて訪れるファイナル・クラッシュの後には、日本でも新しい国家モデルが生まれるかもしれない。おそらくそれは、倹約型経済モデルと言うべき、「身の丈に合った生き方」が基本の社会になるだろう。経済大国は、実は借金大国だったことに人々が気づき、本当の幸せを求めるには消費や美食ではなく、倹約と質素な生活だと気づく経済モデルだ。

マインド・リセットの勧め

アメリカやイギリスでも現在、原著で予言された通りの意識革命が始まりつつあるようだ。

これまでアメリカ政府は膨大な国債を発行し、それを中国と日本に買わせ、買ってもらったドルを国民に回して消費をあおってきた。しかしリーマン・ショックが起こって、アメリカの人々にも一つの疑問が湧きあがった。

「大きな家に住んで、借金を背負うことが幸せなのか」

今は「借金して大きな家に住むより、トレーラーハウスか何かに住んでいるほうがいい」と言うアメリカ人も増えている。

教会に行き、「いかに清貧に暮らして、自己満足度を高めるか」ということを、牧師に教えてもらうことがはやっている。毎夜の牧師の講話が、人々のナイトライフの中心になってきたのだ。日曜日の午前中に教会に行くことは、それまでも多くのアメリカ人の習慣だった。今やそれが、平日の夜にまで広がっている。

従来は、家に早く帰っても、やることと言えばテレビのスイッチを入れて、消費をあおる番組やコマーシャルを、買ってきた高カロリーのチップスを頬張りながら見るだけだった。その結果がデブデブ太ったアメリカ人を生み出した。そして肥満による各種疾病の医療費が増加しGDPを押し上げる。もしくは、「より給料の高い会社に移るために、自分の履歴書をいかに上手に書くか」というセミナーに出ている人がたくさんいた。その社会が変化したのだ。

どうも今、世界全体が同じ流れにあるようだ。じつは目くらましにあっていたこと、消費をあおる経済体制の犠牲になって踊っていただけかもしれないということに、世界中で人々が気づき始めた。アメリカではオバマ大統領が演説で「Live on your own means（自分の身の丈に合った生活をしよう）」と述べたが、日本でもこれからそういうマインド・リセット（心の切り替え）機運が高まるのではないだろうか。

これは「貨幣経済を捨てて物々交換に戻れ」とか「資本主義をやめて共産主義になれ」ということではない。資本主義経済の持つ合理性、通貨という存在の必要性は認めつつ、負債で経済成長を賄うやり方をやめる。GDPの成長が何より重要だという考え方をやめるということである。

物質的な豊かさではなく、心の満足度を追求しなくてはならない。本当の幸福とは何かを考え、それをベースに経済のあり方を考えていかなければいけない。そのためには帰宅途中の自動販売機から冷たい缶ビールを引っ張り出すのではなく、家に帰って水道の水でのどの渇きをいやせばいいという人が増えることが必要だろう。

震災をきっかけに、日本人がマインド・リセットを果たしたなら、これから始まるはずだった破局を、ぎりぎりの瀬戸際で食い止められるのではないだろうか。

この点に関し、私はやや悲観的だ。

日本は長い間ずっと、国家の発展の形として、ものづくり、その消費をあおり続けた国である。多少の軌道修正はあったとしても、実際に自分たちの目でクラッシュを見るまで、これまで植えつけられてきた固定観念をリセットするのは無理ではないか。著者ヒューゴもまた、「これから起きるクラッシュはもはや防ぐことはできない」という立場にある。

ただしクラッシュが起きたときには、経済についての考え方そのものをリセットすることで対処しなくてはならない。そうした提言を二〇〇六年の時点で書かれた著書の中ですでに述べているのは、やはり凡人ならざる人のなせるところだろう。

自分を養う技能を身に着けよ

「身の丈に合った生活をする」という発想は、じつは私たちユダヤ人の思想である。ユダヤの民がエジプトから脱出したときに、持てるものはパン粉と身の回りのものだけだった。この故事にならうかのように、ユダヤ人は今も清貧を美徳としている。敬虔《けいけん》なユあおられることはない。ヘブライ聖書に忠実に生きようという考えが、宗教の基本にあれば消費をヨーロッパの中でも、プロテスタント発祥の地でもあるドイツには、ピューリタンの清貧主義が残っている。現在のドイツはプロテスタント、カトリックが半々だ カルヴァ今も質素倹約が美徳とされていて、堅実な気風がある。アングロサクソン系やると無駄な買い物はしないし、華美な消費に走ることも少ない。たとえばクレジットカードの発行枚数もアメリカ、イギリスに比べて少なく、キャッシュ経済が優勢だ。とくにミュンヘンなど南ドイツに行くと、手工業で作れる範囲内のもので自分の生活を支えていけばいいという考え方が根強い。そのため古い家も多く残っているし、おじいさんの時計のような手工業製品を作っている会社が今でも続いている。

じつは南ドイツはプロテスタント系が優勢なのだが、そのため苦労して身に着けた職人技や勤勉な労働で成功することが、最も神が望んでおられることだという精神がある。依然としてそういう手工業が盛んで、特定の分野では日本をはるかにしのいでいる。

たとえば現金封入機がそうだ。封筒を折って現金を詰め、短時間に大量の封入作業を行う機械の世界シェアの大半はドイツのメーカーが押さえている。そういう産業がドイツに多くあるのも、ピューリタニズムがベースにあるという。

ドイツ以外の欧米の人々もそうした感覚を取り戻す必要があるのではないか。これは日本人も全く同じだ。

私の知る世界のユダヤ人たちは、すでにファイナル・クラッシュに備えている。資産のある人の場合は原著にも述べられているようなゴールド、不動産、資源といった実物資産への投資を行っているが、ユダヤ人といっても全員が資産家というわけでは決してない。

資産のない人の場合のクラッシュ対策は、伝統的なものだ。一言で言うなら「手に職を」である。つまり医者、洋服仕立屋、ミュージシャン、画家といったように、それによって食べていける技能を持つことである。苦しい時代にあっても、それが日々の糧を生んでくれると考えられている。

その視点から日本人を見ると、やはり「危機のときにどうするか」という発想が圧倒[illegible]いる。日本人は資産保全のために分散投資したり国外に資産を脱出させたり、商[illegible]的な資産運用をすることはほとんどないし、かつては大勢いた伝統的な職人たちもほとんどが消えてなくなってしまった。

もちろん例外もある。たとえば私の実家ももともと、扇子を作っている紙職人[illegible]。また私自身の場合は自分で扇子を作ることはないが、今も家業としては続けており、職人を[illegible]いる。は英語をたぐる国際弁護士であり、英米を中心とした国際教育コンサルタントでもあって、これもある意味では職人と言っていいだろう。そのおかげでこうやってスウェーデンに住んでいられる。

資産のない人は、ファイナル・クラッシュに備えて、自分を養ってくれる技を身に着けること。これは日本人にも受け入れられやすい提案かもしれない。

消費文化の傷跡

日本経済の最大の問題は少子高齢化である。

日本では、最も数が増えており、しかも最もお金を持っているのが高齢者なのだが、その人たちがお金を使わない。そして雇う会社がないから生産にも従事しない。医者通いだけする。本来なら高齢者の職場を提供する施策が必要なのに定年制のある日本ではその発想はない。定年制や年齢制限が憲法違反のアメリカではこんなことがある。私の友人のユダヤ人は八〇歳でハワイ大学のウェブ・デザイン学科に入学してウェブ・デザイナーを目指している。日本では考えられないことだ。

定年制と年齢制限が憲法違反でない日本の高齢者にこれ以上の消費をあおるのは、現実問題としてやめたほうがいい。お年寄りは新作映画など見ないし、海外旅行もそんなにしない。暑さ寒さもそれほど苦にしないから、エアコンを買い替える必要がない。エコポイントやクールビズ（夏の軽装化）など、消費をあおる政策も役人やメディアが知恵を絞ってはきたが、お年寄りに関しては力尽きた感がある。

グルメ志向も、消費をあおる経済の一環をなしている。日本はエビの消費量が世界一で、マグロの消費量でも世界一だ。ボジョレーヌーボーでも世界一の消費国になったという。ただし高齢化した胃袋には限界がある。グルメをあおる経済というのも、果たしてどこまで続くのか。

経済成長でお金持ちになった国ではエビの消費量が上がる。それは日本に限らず、みなそうなのだ。しかし、そのエビがどこでどういう形で養殖されているのかを知っているだろうか。

狭い養殖池で大量のエビを飼育するので、放っておいたら病気がはびこってエビがどんどん死んでいく。それを防ぐため抗生物質入りの餌を与えている。我々の口に入るエビとは、エビの形にした抗生物質の塊みたいなものだ。天然の車エビなど、もうほとんど水揚げされていない。

そうしたものを食べることで、不妊が急増している。アメリカも日本もそうなのである。不妊の定義は、結婚状態にある男女が二年たっても妊娠できないことなのだが、アメリカでは夫婦の三組に一組は不妊症だという。

その原因はやはり、消費をあおりグルメをあおった結果、抗生物質や化学物質漬けの食品を食べていることにあるのではないか。それによりホルモンのバランスが崩れ、生殖器の異常が生じている結果ではないか。

こうしたライフスタイルは、やはり異常である。

美食のおかげでメタボリック症候群（内臓脂肪症候群）になって、今度はメタボ検診とメタボ医療、そしてダイエットのために消費をあおられている。よく考えれば、これもじつにばかげたサイクルである。メタボを治療するぐらいなら、最初から食べなければいい。こうした異常な傾向も、いずれ過去の話になるだろう。

バブル当時の日本人の幸せ観を思い返すと、消費文化が全盛の時代で、家族との団欒《だんらん》には重きが置かれていなかった。それよりも、銀座のデパートでブランドもののハンドバッグを買うとか、渋谷で新しいモデルの服を買うとか、物質的なものに幸せ感を求める人の方が多かったという印象がある。

バブルの頃に比べて不景気な今は、若い人たちはより堅実になってきている。「自動車など興味がない」という若者が増えてきているのは、産業界にとっては都合が悪いかもしれないが、それはそれで新しい方向性の一つだろう。

それでも今もなお日本では、消費をあおる経済の犠牲になっている人が大多数だと私は感じる。その結果として、原著が序文で嘆いているように、就業労働時間がどんどん長くなり、社会的な結びつきがどんどんと希薄になってきて、人間らしい会話を交わすことも少なくなってきている。ワーク・ライフ・バランスがとれていない。

社会的な結びつきについて言えば、日本では本当に希薄になっている。とくに都会やその周辺では地域のコミュニティーが失われている。この点、アメリカやヨーロッパ社会にはまだそれが残っている。アメリカに行くと、教会がいたるところにあり、地域の中心になっている。不況で住む家を失った人たちはそういうところに駆け込んで、そこで皆から励まされ、寝るところと食事を与えられる。

日本の場合、正社員については職場がコミュニティーのようになっているが、派遣切りとか倒産とか、いろいろな形で職場のコミュニティーから落ちてしまった人たちの、地域コミュニティーによる救済の場がほとんどない。

今は震災によってそこが少し変わってきて、日本各地から東北地方へボランティアが大勢行っている。だが、事態が落ち着いてくるとそれも水が引いていくようになくなってしまうのではないだろうか。そうなったときに、被災者たちは何をよりどころに生きていけばいいのか。

その方針を政治が打ち出していかなければいけないと思う。しかし実際にはそうした視点が欠落したまま、町というハードの入れものの再建だけを進めようとしているように思える。

ブータンの暮らしに学ぶ新思想

「幸福をベースとした社会」という点で参考になるのが、世界最貧国の一つであるブータンが提唱している「グロス・ナショナル・ハピネス（ＧＮＨ）」という考え方だ。この概念は、世界中で多くの人々の共感を得ている。日本だけでなく、世界中でたくさんの人が今のアメリカ型経済モデルに違和感を感じており、それとは異なる新しい経済社会の尺度を求めているからだろう。

私はこの概念に興味を持ち、二〇一〇年の夏、実際にブータンを訪ねてみた。そこで三週間ほど過ごしたのだが、まず印象に残ったのが夜の暗さだった。日が落ちると、街中であっても懐中電灯がなければ歩けないぐらいの真っ暗闇である。もちろん自動販売機などありはしない。私が見た限りでは一台も置かれていなかった。

ブータンでは普通の農家に泊めてもらう経験もした。家にはもちろん、薄型液晶テレビなどない。電気器具と言えば、家の真ん中に裸電球が一つあるだけだった。夜、ご飯を食べるときは、その明かりの下に全員が集まって食べるのだ。調理にはまきを使っていた。

裸電球の下に家族全員が集まってくる様子は、私にとっては新鮮な体験だった。このような環境では、日本のように家族が一人ひとりばらばらに食事する「個食」などはあり得ない。まきで炊いたご飯もおいしかった。

トイレは二階から肥だめまで、自分のうんちがボトンと落ちるというもの。私の家内は、初めて行ったときには臭いし、トイレの床がきしんで自分が下に落ちるのではないかと、怖くてうんちもできなかったと言っていた。

そのように、日本人の目から見るとすごいところなのだが、下に落ちた人間のうんちを下で飼っている豚が食べ、その豚を人間が食べるというしくみになっている。臭いことは臭いのだが、自然循環型で、エコロジーな生活なのだ。

泊めてもらった家は四階建てだったが、四階に上がるにも、日本の家のようなしっかりした階段はない。何と呼ぶのかわからないのだが、木を階段状に削ったところを上がっていく。上がった先には肉が干してあった。一階で飼っている豚を殺し、それを四階の風通しのいいところまで運び上げて、干して貯蔵しているのだ。

この干し豚肉は、ユダヤ人である私は宗教上の戒律に触れるため食べることができなかったのだが、一緒に行って食べさせてもらった日本人は、「これほどうまいものを食ったことがない」と感動していた。干すことによって肉のうまみが増して、非常に美味になるようだ。

そういうライフスタイルで生きている限り、電力もほとんど使わない。当然ながら原発もいらない。明るくても暗くても、自動販売機があってもなくても、ハピネスという観点からするとあまり変わらない。機械にコインを入れれば何でも出てくるような国を作った日本人と比べ、人々の幸福感、生きる上での充足感はどちらが上か。そう考えたとき、「ブータンの人々のほうが生きることの幸せを実感しているのではないか」と感じたものだ。

日本でブータンのような生活をしてみたら、どうなるだろうか。

冷房とか暖房も別になくたっていいのではないか。世界の国々にはそんなものがないところがたくさんあるのだから。二重窓枠サッシの断熱住宅に住んでエアコンを使うよりも、エアコンのない時代のような開放型の家、江戸時代のような障子の家にして、浴衣《ゆかた》にうちわ、打ち水で涼をとる。朝顔のつるを伸ばして日光を防ぎ、冬になれば障子を襖《ふすま》に入れ替える。自動販売機もない、コンビニもない、街の明かりも暗く、自動車もあまりない。

日本では誰もそんな暮らしは望まないかもしれない。反対が多いのはわかるけれども、あえてそうしたブータン型の生活をするあり方も考えてみるべきだと思うのだ。日本はブータンのように人口の少ない国ではない。国民が一億人以上もいて、しかも食糧自給率も低く、エネルギー資源もない中で、どうやってその全員を幸せにするかというのは難しい問題だ。しかしそれはそれとして、そうやって思考の枠を一度外してみることこそが必要ではないかと思う。

今や国家破綻が秒読みの段階になってきている。だからこそ、「欲しがらない」という暮らし方を誰かが言わなければいけない。原発を全部止めるというと産業界が猛反対する。その産業界で働いている人が果たして幸福感を持っているのか。それをしないまま今の生活を続けようとしても、やがて訪れるファイナル・クラッシュがそれを強制的にやめさせることになるだろう。

日本国民への警告

「ファイナル・クラッシュにあっては、現在活躍している学者や経済学者、政治家、官僚、コメンテーターなどはいずれもその解決策を見いだすことはできない。彼らは自らの過ちと不能を知り、穴の中に顔を突っ込み二度と出てこないだろう。革命的な考え方のみがその解決策を見いだす。その革命的な考え方を発見し、提唱し、政策に移す人間が現れなくてはならない」

著者ヒューゴはそう指摘する。ファイナル・クラッシュを解決するためには、これまでとは全く違う経済についての考え方が必要だと言うのだ。そしてそのためには「社会の多様性が問われる」とも述べている。

私も同感である。これまで主流だった消費と経済成長を是とする思想の延長上では、ファイナル・クラッシュを生み出すに至った根本の問題は決して解決できない。

むしろ、それまでに異端とされてきた者だけが、新しい時代の新しいスタンダードを創り上げる力を持つ。それゆえに、社会は、その時々の時代と環境に最適化してしまった人材だけでなく、やがて来る新しい時代と環境で初めて水を得た魚として活躍するような、異能異端の人材をその内部に抱えている必要がある。それがダイバーシティーである。

となれば、ファイナル・クラッシュを乗り切ることができるかどうかは、それまでその世界が、異端なる者、異能なる者をどれだけ許容してきたかにかかってくると言えるだろう。あまりにも同質性を求める社会、たとえば日本社会のようなところでは、この多様性がない。そのために革命的な考え方を思いつき、企画し、立案する者が現れてこない。おそらく日本のような同質性を強く求める国はファイナル・クラッシュで完全に沈没し、再浮上することはないのではないか。

日本という民族、国自身がファイナル・クラッシュの後の世界において再び芽を出すことができないとすれば、それは今までの日本社会が多様性を許容しなかったことの必然の結果であると受け止める必要がある。

本書は、このことを日本の国民に強く警告するものであり、この警告をもって本書の結びの言葉としたい。

石角完爾（いしずみ・かんじ）
1947年京都府生まれ。京都大学在学中に国家公務員上級試験、司法試験に合格。同大学を首席で卒業後、通商産業省（現・経済産業省）を経て弁護士に。ハーバード大学ロースクール、ペンシルベニア大学ロースクール修士課程卒業。ペンシルベニア大学証券金融研究所研究員、米国SEC（証券取引委員会）研修生、ウォール・ストリートのシャーマン・スターリング法律事務所M&A（合併・買収）担当弁護士などを経て、現在、千代田国際経営法律事務所所長、代表弁護士。国際弁護士としてアメリカ、ヨーロッパを中心にM&Aのサポートなどで数多くの実績がある。2007年、難関の試験を経てユダヤ教に改宗し、ユダヤ人となる。米国認定教育コンサルタント。スウェーデン在住。著書には『アメリカ流　真のエリートをはぐくむ教育力』（PHP研究所）、『日本人の知らないユダヤ人』（小学館）、『お金とユダヤ人』（ソフトバンククリエイティブ）、『アメリカのスーパーエリート教育　改訂版』（ジャパンタイムズ）、『日本国債　暴落のシナリオ』（共著、中経出版）、『ユダヤ人国際弁護士が教える天才頭脳のつくり方』（朝日新聞出版）などがある。

著者エージェント
アップルシード・エージェンシー

ファイナル・クラッシュ
世界経済は大破局に向かっている！

2011年9月30日　第1刷発行
2011年10月10日　第2刷発行

著　者　石角完爾
発行者　小島　清
発行所　朝日新聞出版
〒104-8011
東京都中央区築地5-3-2
電話　03-5541-8814（編集）
　　　03-5540-7793（販売）

印刷所　大日本印刷株式会社

Published in Japan
by Asahi Shimbun Publications Inc.
ISBN978-4-02-330972-2
定価はカバーに表示してあります。

朝日新聞出版の本

世界ソブリンバブル衝撃のシナリオ

白川浩道

新たな金融危機が
すでに始まっている!
日米欧の国債バブルがはじければ、
リーマン・ショックを超える
〝崩壊〟が待っている!

四六判・上製
定価:本体1700円+税